JN022585

新訂版

FINAL

時事英語

English for Current Affairs: Final Phase

関正生

Asahi Press

●本書の収録ニュースは月刊英語学習誌『CNN English Express』の記事・音声を再編集したものです。

はじめに

「マリファナ」「中絶」「同性婚」「フェイクニュース」……どれも知っている言葉ではありながら、まさか学習参考書の中で目にするとは思わなかったのではないでしょうか。しかしCNNでは、marijuana（マリファナ）、abortion（中絶）、gay marriage（同性婚）、fake news（フェイクニュース）は当然のように使われています。

そういった内容は英語ニュースに限らず、すでに難関大学の入試で出題されているのです。たとえば「同性婚」は、慶應大の長文、早稲田大の自由英作文、上智大の文法問題の中で出ています。

他にも、東京大のリスニングや慶應大（医学部）をはじめ、最新ニュースを取り上げたり、英文を英字新聞から引用したりするところは超難関大ほど増えているのです。

そして、2020年の入試ではさらに衝撃的なことが起きました。最新の英文がバンバン入試に登場したのです。例えば、慶應大（環境情報学部）では、2020年の入試問題全てで「2019年内に発表された英文」が使われていました。さらに早稲田大（商学部）は、2020年の入試問題の出典が全て1年以内のもので、「2019年2月のニュース雑誌、2019年6月のニュース雑誌、2019年8月22日付の新聞記事、同2019年8月22日付のネット記事」であり、後半の2題は、入試当日からちょうど半年前の内容だったのです。

それにもかかわらず、受験対策の現場ではまともな対応がなされていないのが現状です。そもそも受験業界は、過去に出たものだけを編集する発想に縛られているがために、最新の内容に対しては後手に回っています。しかも中絶や同性婚などのテーマについて、18歳を相手に授業をするのは教師側にも勇気がいるので、授業やテキストでは避けられがちです。

そこでこの本では、今後の入試に対応するために、CNNのニュースを20本厳選し、大学受験に対応すべく編集・解説を施しました。この**「過去問ではなく、これから出る"未来問"という受験対策書」「"CNN"という世界レベルの教材を使って大学受験を突破する」**という新しい考えは、本書の前身となる『FINAL時事英語』で大変良い評判をいただいたこと（例えばそこで強調した「プラスチック汚染」の話が2カ月後の上智大・東京外国語大などの入試で出て、本番で圧倒的に英文が読みやすくなったこと）などで、受験業界に一石を投じることができたと思います。

前作をさらにパワーアップさせた本書は、どれも入試に出そうでありながら、興味深いニュースばかりです。本書1冊で入試本番を楽しめるほどの英語力をつけていけるはずです。

関 正生

▌本書の特長

出題必至の最新ニュース20選

他の対策本では掲載されない、難関大入試出題必至の最新時事ニュース20本を、関正生が厳選しました。登場する英文と音声は全て、ニュース専門チャンネルCNN（Cable News Network）で実際に放送されたニュースリポートから抜粋しており、他の参考書や日本のメディアが取り上げない重要な問題に触れることができます。

　各時事問題の概要だけでなく、なぜ重要なのか、何を議論すべきなのかもしっかり解説。自分の考えをまとめる力が鍛えられ、筆記試験、面接、小論文はもちろん、大学生になってからも生きてくる知識と英語力が身につきます。

長文読解・英作文・リスニング・スピーキング対策を1冊で

最新の時事に触れながら、入試や各種検定試験で定番の「長文読解」「英作文」「リスニング」「スピーキング」といった異なる問題形式への対応力を本書1冊で高めることができるのも特長です。

　使い方は、受験する試験の種類やレベル、どの問題形式の対策を重視するかに応じて3通りの中からお選びいただけます。詳しくはpp.6-7「効果的な使い方は3通り！」をご覧ください。

　リーディング・ライティング・リスニング・スピーキングのいずれの技能も、語彙力がその基盤となります。本書では「テーマ関連ボキャブラリー」として、20のテーマに関する頻出語句を単語帳形式でリスト化＊し、英日の読み上げ音声もつけました。受験当日まで目と耳で繰り返し確認できるようになっているので、直前期の仕上げにも最適です。

＊本書の「テーマ関連ボキャブラリー」には、ニュース本文に含まれてはいないものの、同テーマで出題必至の重要関連語（色分けで表示）も掲載しています。また、2語以上から成る語句については、一部の例外を除き、その中で最も難しい語にのみ発音記号を付しています。

CNNとは？

CNN（Cable News Network）は、1980年に世界初の24時間放送のニュース専門チャンネルとして設立されました。現在CNNブランドのサービスは200以上の国と地域を網羅し、世界20億以上の人々に提供されています。エミー賞やピュリッツァー賞を受賞した世界的ジャーナリストがアンカーやリポーターを務め、世界が注目する政治、経済、社会の情報をいち早く届けています。

本書の構成

2段階構成

本書では、入試直前の受験生が効率的に活用できるよう、基礎編（英語約50～90語）と強化編（英語約400～550語）の2段階構成を採用しています。

基礎編 英語50～90語	強化編 英語400～550語
15本	**5本**

厳選520語のボキャブラリー

これまでの入試で頻繁に出題されている重要単語だけでなく、まさに今、世界中の報道現場で使われている520語を精選しました。他の単語帳にはほとんど反映されていない、最新の英単語をテーマごとにリスト化しているので反復学習に最適です。また、「どのように重要なのか」を示した3種類のアイコンを活用することで、丸暗記に頼らず、効果的に覚えることができます。

HOT 🔥
絶対に確認すべき単語
難関大受験者が確認しておきたい重要単語（基礎レベルの語にはマークをつけていません）

UP ⚡
注意が必要な単語
単語自体は知られているが、マイナーな扱いをされている単語。もしくは単語帳で強調されているものとは別の意味で重要となる単語

NEW ✨
普通は対策できない重要単語
受験対策単語帳にはほとんど、または全く載っていないが、最新ニュースで重要となる単語

3種の音声付録 (ダウンロード形式)

各ニュースには、**「ボキャブラリー」の単語と意味を読み上げた音声**のほか、ニュース英文をアメリカ人ナレーターが読み上げた**「ゆっくり」音声**、さらにはCNNで実際に放送された**「ナチュラル」音声**の計3種の音声がついています。語彙力強化やリスニング対策など、目的に応じて音声を活用することができます。詳しくはp.8をご覧ください。

アメリカ人ナレーターのゆっくり音声

CNNのアンカーやリポーターによる実際のリポート音声

※複数の人物が登場するニュースでは、メインのアンカー・リポーターのアクセントのみを記載しています。また、リポートに登場する人物の発話に文法的な誤りがある箇所などについては、誤りを正した内容をゆっくり音声に収録しています。

効果的な使い方は3通り！

スタンダードコース

こんな方に
オススメ

● リーディング対策をしたいけれど、
　いきなりCNNのニュースを読む自信がない……
● なじみのないテーマなので関連語をサッと確認してから英文を読みたい

1 まずはボキャブラリーに目を通して知らない単語を重点的にチェック

2 ニュース英文を読んで問題を解こう

3 解答・解説で文法事項や語法をチェック
英文に意味を理解できなかった箇所がある場合は和訳を確認

4 音声を活用しながらボキャブラリーを繰り返しチェック

最難関大 実力試しコース

こんな方に
オススメ

● 最難関大入試の長文読解・英作文対策をしたい！
● 今の実力でどこまで英文を理解できるか確認したい！

1 まずは英文を読んで問題を解こう

2 解答・解説で文法事項や語法をチェック
意味を正確に取れなかった箇所がある場合は和訳を確認

3 解説やボキャブラリーを参考に、テーマに関する自分の意見を英文でまとめておこう

4 音声を活用しながらボキャブラリー、ニュース英文、自分で作った英文を繰り返しチェック

こんな方に
オススメ

● 東京大や東京外国語大など大学独自のリスニング問題が
出題される大学を受験予定
● 面接などで生英語のリスニングが必須

1 英文を見ずにニュース音声を聴こう
ハイレベルなリスニング力の獲得を目指す方は「ナチュラル」音声のみを再生

2 ニュース英文を見ないまま問題を解こう　※下線部の和訳問題を除く

3 解答・解説で文法事項や語法をチェック

4 聞き取れなかった箇所はスクリプトを見ながら何度も聞き直す
意味を正確に取れなかった箇所がある場合は和訳を確認

5 解説やボキャブラリーを参考に、テーマに関する自分の意見を英文でまとめておこう

どんな問題形式にも必ず役立つ！
気鋭の最新英語解説　ここがカクシン！

本書では、問題の解説だけではなく、英文で使われている重要な文法事項や表現、テーマに関連する最新時事、さらには同様のテーマを出題した大学の情報までをもカバーした解説コーナー「ここがカクシン！」を掲載しています。

　前作よりパワーアップした本コーナーで、英語の「核心」を学び、あやふやだった理解を「確信」に変え、「革新」した英語力で入試本番に臨みましょう！

▍音声ダウンロードについて

　本書で取り上げる20テーマにはそれぞれ、ボキャブラリーの英日読み上げ音声、アメリカ人ナレーターが読み上げたゆっくり音声、CNNのリポーターによる実際のリポート音声がついています。ダウンロード手順は以下をご覧ください。

● スマートフォンやタブレット端末で再生する場合

1　App Storeまたは
Google Playで、
「リスニングトレーナー」
をインストール（無料）

2　アプリを開き、
「コンテンツを追加」
をタップ

3　カメラで右のQRコード
を読み取る。読み取れな
い場合には【12063】を
入力し「Done」をタップ

4　My Audioの中に書籍
が追加されたら、聴きた
いセクションをタップ

● PCで再生する場合

下記URLから音声データ（MP3）無料ダウンロードの申請を行ってください。

［申請サイトURL］

https://www.asahipress.com/eng/final02ms

（ブラウザの検索窓ではなく、URL入力窓に入力してください）

【注意】
本書初版第1刷の刊行日（2020年11月11日）より5年を経過した後は、告知なしに上記の申請サイトを削除したりデータの配布をとりやめたりする場合があります。あらかじめご了承ください。

基礎編 | 約50〜90語の短いニュース

基礎編

1 プラスチック汚染／Plastic Pollution

数ある環境問題の中でも近年最も注目されているプラスチックごみ問題。プラごみが海に流れ着き劣化すると、破砕されて極小のマイクロプラスチックとなり回収が困難になる。海洋生物の誤飲による生態系への影響も重大だ。

リスニング対策は音声→問題へ ≫ アメリカ英語｜ゆっくり ① オーストラリア英語｜ナチュラル ②

「プラスチック汚染」に関するボキャブラリー ③ ▶ 実力を試したい方は先に問題を

UP ↗	**plastic pollution** [pəlúːʃən]	プラスチック汚染
	sue A for B [súː]	B を理由に A を訴える
	role [róul]	役割、関わり、参加
NEW ✦	**allegedly** [əlédʒədli]	（真偽のほどはよくわからないが）申し立てによると
	choke [tʃóuk]	（ごみなどで）〜をいっぱいにする、詰まらせる
HOT ♨	**ecosystem** [íːkousistəm]	生態系
	lawsuit [lɔ́ːsùːt]	訴訟
	environmental group [envàiərənméntəl]	環境保護団体

UP	**allege that** [əlédʒ]	〜であると申し立てる
	mislead...into doing [mìslíːd]	…をだまして〜させる
	the public [pʌ́blik]	一般の人々、公衆
HOT	**packaging** [pǽkidʒiŋ]	包装
	when [hwén]	〜なのに
UP	**name** [néim]	〜の名前を挙げる
UP	**be responsible for** [rispάːnsəbəl]	〜の原因である、〜を招いた
UP	**end up in** [énd]	結局〜に行き着く
	waterway [wɔ́tərwèi]	水路、河川
NEW	**microplastics** [màikrouplǽstiks]	マイクロプラスチック ▶環境中に放出され、破砕されて微小になったプラスチックのこと。
NEW	**microorganism** [màikrouɔ́ːrɡənìzəm]	微生物
HOT	**contaminate** [kəntǽminèit]	〜を汚染する

「プラスチック汚染」に関する CNN リポートに挑戦！

Read this news report and answer the questions below.

Some of the world's largest companies are being sued for their role in—allegedly—choking our ecosystem. The lawsuit, from an environmental group, alleges Coca-Cola, Pepsi, Nestlé and others misled the public into thinking their plastic packaging can be recycled, when most of it cannot be. The group says there are 10 companies named in the lawsuit, all responsible for most of the plastic which ends up in the oceans and waterways.

>>> 72 words

問1 **Who brought the lawsuit?**

(A) Coca-Cola

(B) An environmental group

(C) Pepsi

(D) Ten major companies

*bring a lawsuit: 訴訟を起こす

問2 **What was alleged in the lawsuit?**

(A) That the public was misled by false claims

(B) That several companies engaged in unfair competition

(C) That recycling companies are dumping plastic in the ocean

(D) That an environmental group violated some companies' rights

*dump A in B: AをBに捨てる／violate someone's right: 〜の権利を侵害する

問3 **Translate the underlined part into Japanese.**

▌和訳

世界有数の大企業数社が、地球の生態系（の循環）を詰まらせているとされる立場を理由に訴えられている。ある環境保護団体によるこの訴訟は、コカ・コーラ、ペプシ、ネスレその他の企業が大衆をだまし、これらの企業のプラスチック包装が、その大半はリサイクルができないにもかかわらず、できると思わせたと訴えている。同団体によれば、この訴訟には10社の企業名が（被告として）挙がっており、その全社が最終的に海や河川に流れ着くプラスチックの大半の原因であるという。

▌解答と解説

問1 設問訳 訴訟を起こしたのはどの団体ですか？

　　選択肢　× **(A)** コカ・コーラ

　　　　　　○ **(B)** 環境保護団体

　　　　　　× **(C)** ペプシ

　　　　　　× **(D)** 10社の大企業

2文目 The lawsuit, from an environmental group, alleges... より、訴訟を起こしたのはan environmental group だとわかります。ちなみに、設問文のbring a lawsuit「訴訟を起こす」は、裁判が関わるニュースでは頻出の表現です。

問2 設問訳 訴訟では何が主張されましたか？

　　選択肢　○ **(A)** 間違った主張により大衆が欺かれていたこと

　　　　　　× **(B)** 複数の会社が不公平な競争に携わっていたこと

　　　　　　× **(C)** リサイクル会社がプラスチックを海に破棄していること

　　　　　　× **(D)** 環境保護団体が一部の企業の権利を侵害したこと

2文目後半Coca-Cola,... に、mislead 人 into –ing「人 をだまして〜させる」という形があります（persuade 人 into –ing「人 を説得して〜させる」と同じ形）。ちなみに、同文の文末はwhen most of it cannot be [recycled]で、when は「譲歩（〜にもかかわらず）」の意味で用いられています（辞書にも載っている用法です）。

問3 解答 同団体によれば、この訴訟には10社の企業名が（被告として）挙がっており、その全社が最終的に海や河川に流れ着くプラスチックの大半の原因であるという。

there are 10 companies named in the lawsuit を、named が直前の10 companies を修飾すると考えて「名前を挙げられた会社がある」とするのは、厳密には誤訳です（大半の人がミスします）。"There is 名詞 + 分詞" の形は、名詞 を主語、分詞を動詞部分（名詞 is 分詞）として解釈すべきで、「10の会社が名前を挙げられた／指名された」とするのが正しい訳です（今回は違いが微妙ではありますが、この発想はぜひ知っておいてください）。

　be responsible for は「〜に責任がある」という意味ばかりが説明されますが、「〜の原因である、〜を引き起こす」も重要です（"原因 is responsible for 結果" という形）。今回は文脈から「〜の原因である」の方が適切だと判断します。

　ちなみに、下線部後半は主語（all）がついた分詞構文で、all [of them] (being) responsible for... ということです（beingは普通省略されます）。

ここがカクシン！

❯ 世界中で加速する脱プラスチックの動き

日本でもレジ袋有料化に伴い、脱プラスチックへの動きは加速しました。コーヒー店チェーンのスターバックスでは「プラスチック製の使い捨てのストロー (single-use plastic straws)」の使用全廃へ向けて、ストローを使わない、もしくは紙製のストローを使用する、という方針に変えています。世界に3万カ所あるスターバックス店舗では、推計10億本のプラスチック製のストローが毎年使用されていました。ちなみに、single-use「使い捨ての」という単語は、イギリスのコリンズ英語辞典の2018年の「今年の英単語」に選ばれています。

　このように動きが一気に加速した背景には、ウミガメの鼻にストローが刺さった痛ましい動画が世界中で反響を呼び、プラスチック汚染への懸念が広まったことが挙げられます。また、海洋生物がプラスチックを誤食し、そしてそれを最後は人間が口にするということも知っておかなければいけません。

❯ 植物由来のプラスチック

最近では植物由来のプラスチック (バイオマスプラスチック) が開発され、注目を集めています。植物原料なので、大気中の二酸化炭素を増減させない (「カーボンニュートラル」といわれます)、自然に分解されるなどのメリットがあります。日本でも、松屋フーズホールディングスのレジ袋やタリーズコーヒージャパンのストローにバイオマスプラスチック配合のものが導入されるなどの取り組みがニュースになっています。

❯ allege をチェック

1文目と2文目に登場したallege「主張する」は、従来の受験の問題集ではさほど注目されてこなかった語ですが、ニュース英語では頻出で、今後の難関大でも注意が必要です。allegeの -lege は legal「法律の」という意味で、「(法廷で) 申し立てをする」→「主張する」となりました。最近では東京外国語大 (2020年) の問題でallegeを含む文に下線が引かれたり、慶應義塾大 (2018年) で次ページの問題が出たりしています。

出題例

The lawsuit ( ) that the company was aware of the risk of cancer associated with the dry chemical powder but concealed that information from the public.

1 alleged　　2 facilitated　　3 filed　　4 sued

その訴訟は、その会社が乾燥した化学粉末によるガンのリスクを認識していたにもかかわらず、その情報を人々に隠していたと訴えるものだった。

ans. 1

❯ 比喩的に使われた choke

1文目後半に出てきた choke our ecosystem「生態系（の循環）を詰まらせる」はセットで押さえておきましょう。choke「詰まらせる、窒息死させる」は、格闘技の「<u>チョークスリーパー（相手を窒息させる技）</u>」で有名です。また「ネックレスよりキツい（窒息させるような）首飾り」を「チョーカー（choker）」というので、ここから覚えてみるといいでしょう。

💡 入試に出た！

プラごみ汚染はここ数年で最も注目されている環境問題だ

「プラスチック汚染」は最新入試で激アツのトピックです。東京大（2019年）が和文英訳で、東京外国語大（2020年）は「北極におけるプラスチック汚染」というテーマの長文、慶應大（2020年）は「プラスチックの処理」、上智大（2020年）は「マイクロプラスチックによる健康被害」を出しています。その他、2020年だけでも、青山学院大、法政大、東京医科大、鳥取大など書き切れないほどです。加えて、「レジ袋の有料化」は津田塾大、宮城大などで出ています。この勢いは当分は止まらないでしょう。

2 ロボットと仕事／Robots and Jobs

新型コロナウイルスの感染拡大により、製造業や航空業、観光業など広い範囲の産業がダメージを受けている一方、普及が進んだ新技術・サービスもある。キーワードは「情報通信技術（ICT）」そして「非接触」だ。

リスニング対策は音声→問題へ ≫ アメリカ英語｜ゆっくり 南アフリカ英語｜ナチュラル

「ロボットと仕事」に関するボキャブラリー ⑥ ▶ 実力を試したい方は先に問題を

delivery robot [dilívəri]		配達ロボット
HOT **demand** [dimǽnd]		需要
across [əkrɔ́:s]		〜の各地で、全域で
NEW **self-driving** [sélfdráiviŋ]		自動運転の
minimize [mínimàiz]		〜を最小限にする
UP **exposure** [ikspóuʒər]		（ウイルスなどに）さらされること
HOT **struggle to do** [strʌ́gəl]		〜しようと奮闘する、 悪戦苦闘する
NEW **curb** [kə́:rb]		〜を抑制する、食い止める

HOT	**spread** [spréd]	（病原体などの）まん延
HOT	**virus** [váiərəs]	ウイルス
UP	**...times higher than** [táimz]	〜より…倍高い
	normal [nɔ́:rməl]	普通の状態、通常
HOT	**keep up with** [kí:p]	（要求などに）遅れずについていく
NEW	**put a dent in** [dént]	〜に不利な影響を及ぼす、 損害を与える
	supply chain [səplái]	サプライチェーン、供給連鎖 ▶製品が原材料の調達から、生産・物流・販売を経て、消費者の手に届くまでの一連の流れのこと。
	contactless [ká:ntæktles]	非接触の
	from the comfort of one's home [kʌ́mfərt]	出かける必要なく、 家に居ながらにして
HOT	**replace** [ripléis]	〜に取って代わる
NEW	**automation** [ɔ̀:təméiʃən]	自動化
NEW	**workforce** [wə́:rkfɔ̀:rs]	労働力、労働人口

「ロボットと仕事」に関する CNN リポートに挑戦！

▌ Read this news report and answer the questions below.

Delivery robots are in high demand across China—they're self-driving and minimize the risk of exposure—as the country continues to struggle to curb the spread of this virus. <u>Orders for the robots are now six times higher than normal.</u> But, of course, factories can't keep up with the demand, because the coronavirus has put a dent in the supply chain.

>>> **61 words**

問1 **What does the news report say about the delivery robots?**

(A) They might spread the coronavirus.

(B) They reduce danger.

(C) They often struggle to mount the curb.

(D) They can follow orders.

*mount: ～に登る、上がる／ curb: (歩道の) 縁石

問2 **What does the news report say about production of the robots?**

(A) Production is six times higher than before.

(B) Makers can't keep up with orders.

(C) The factory workers are demanding more pay.

(D) The cost of supplies is higher than normal.

問3 **Translate the underlined part into Japanese.**

▌和訳

配達ロボットの需要が中国各地で高まっている——そのロボットは自動運転で、(新型コロナ)ウイルスにさらされるリスクを最小限にするものだ——同国がこのウイルスの感染拡大を抑制しようと奮闘を続ける中において。この自動運転の配達ロボットはウイルスにさらされるリスクを最小限にするものだ。配達ロボットの注文は今や通常の6倍に増えている。だが、言うまでもなく、コロナウイルス(感染拡大)がサプライチェーンに悪影響を及ぼしているために、工場(での生産)が需要に追いついていない。

▌解答と解説

問1 設問訳 **配達ロボットについて、この報道では何と述べられていますか?**

選択肢 × **(A)** それらはコロナウイルスを広げるかもしれない。

○ **(B)** それらは危険を減らす。

× **(C)** それらはよく縁石に登ろうと奮闘している。

× **(D)** それらは命令に従うことができる。

1文目のダッシュ内に they're self-driving and <u>minimize the risk of exposure</u> とあります。本文の minimize が選択肢Bでは reduce に、the risk of exposure「(ウイルスに)さらされるリスク」が danger に言い換えられています。ちなみに選択肢Cの mount the curb「縁石に登る」はひっかけで、本文の curb は動詞で「抑制する」という意味です。curb the spread of the virus「ウイルスの感染拡大を抑制する」という表現をチェックしておきましょう。

問2 設問訳 **ロボットの生産について、この報道では何と述べられていますか?**

選択肢 × **(A)** 生産は以前の6倍に増えている。

○ **(B)** 生産者が注文に追いつくことができていない。

× **(C)** 工場労働者がより高い賃金を求めている。

× **(D)** 供給コストが通常より高まっている。

3文目 ...factories can't keep up with the demand とあります。本文の factories が選択肢Bでは Makers に、the demand が orders に言い換えられています。

問3 解答 **配達ロボットの注文は今や通常の6倍に増えている。**

X times 比較級 than A「AのX倍〜だ」がポイントです。than normal「通常より」という表現もよく使われるので、チェックしておきましょう。six times higher than normal で「通常より6倍高い」となります。この比較級を使った倍数表現は次ページで詳しく扱います。

ここがカクシン！

🔵 自動運転の技術が身近なところで活かされる

新型コロナウイルスの感染拡大防止策として、日本でも配達員が荷物の受け渡しの際に客と触れ合わずに玄関前に品物を置く「置き配」が広まりつつあります。中国では、自動運転システムを備えた配達ロボットの需要が急増。アメリカでも、Amazonの配達ロボット「Scout」を使った配達が一部地域で開始されています。

　配達ロボットの活躍の場は屋外だけではなく、病棟内の消毒、遠隔病棟への薬や食事の配膳などに利用されています。さらには、ロックダウン（都市封鎖）や外出禁止措置で交通がまばらになっている道路などで、荷物の配送や道路の消毒作業などにも利用されています。さらに、農薬散布用のドローンを使って、市街地の消毒作業を行っている地域もあります。外出自粛要請で、日々の行動に制約がかかる中、デジタル化や科学技術の活用が改めて注目されているわけです。

　近年、さまざまな企業が家庭用ロボットに興味を示していること、「自動運転」の話題が最近の入試に頻出していること（強化編④で扱います）、さらにコロナの影響でそれらが積極的に活用されているという意味で、今回の英文はぜひチェックしておきたい話題です。

🔵 比較級を使った倍数表現

問3では、X times 比較級 than A「AのX倍〜だ」がポイントとなりました。倍数の表現というと、X times as ... as A「AのX倍〜だ」というas ... asを使った表現だけが取り上げられますが、実際には比較級を使ったX times 比較級 than Aの形もよく使われます（ただし「twiceやhalfのときはas ... asの形が普通である」などといった制約も多少はあるので、自分で書くときはas ... asが無難でしょう）。

　実はこれ、難関大では最近よく見かける形で、2020年の入試では、東京理科大、神戸大の長文中に、2019年では、北里大、同志社大、そして法政大の英文では3回も使われていました。

　このような発展的な倍数表現は、入試問題集では対策が手薄になりがちなので、ぜひ

今回の英文と以下の例文でしっかり確認しておきましょう。

A drink can in the 1950s was four times heavier than the same type of can today.

1950年代の飲料缶は、現在の同様のタイプのものと比べて4倍の重さがあった。

（2020年の東京理科大の英文より）

ちなみに、問3のthan normal「通常よりも」という表現も、青山学院大（2018年）、早稲田大（2017年）、新潟大（2018年）などの長文中で登場しています。

▶ その他の注目語句

最後の文の後半に、put a dent in「〜に不利な影響を及ぼす」という熟語が登場しました。dentは本来「くぼみ」で、「〜に（in）くぼみ（a dent）を作る（put）」→「〜に不利な影響を及ぼす」となります。

　また、3行目のcurb「抑制する」は、北里大（2020年）の長文問題で下線が引かれ、類義語を選ぶ問題として出題され、選択肢のsuppressが正解になりました。curbは環境問題に関する英文にも頻繁に登場します。例えば、curb climate change「気候変動を抑制する」、curb air pollution「大気汚染を抑制する」などです。

💡 入試に出た！

2020年だけの出題でも、早稲田大はロボットに関する英文が2つ、岐阜大は「医療で活躍するAIとロボット」、上智大は「ロボットによる労使双方への影響」に関する英文を出しています。自由英作

宅配ロボットはカーブを曲がったり歩行者をよけたりするのもお手のもの

文でも、同じ2020年に慶應大は「機械・ロボットは医者の代わりになるか」、公立はこだて未来大は「ヒトとロボットのパフォーマンス比較」を出題しています。

3 偉人／A Great Figure

アラン・チューリングという名前に見覚えはあるだろうか。第二次世界大戦期に活
躍したイギリスの数学者だ。今では誰もが手にしているある技術の生みの親だが、
近年は科学者以外の一面でも注目を集めている。

リスニング対策は音声→問題へ ≫ アメリカ英語｜ゆっくり カナダ英語｜ナチュラル

「偉人」に関するボキャブラリー ⑨ ▶ 実力を試したい方は先に問題を

pioneer
[pàiəníər]

先駆者

computing
[kəmpjúːtiŋ]

コンピューター科学

NEW

LGBT
[el dʒiː biː tiː]

性的少数者の

UP

honor
[áːnər]

〜に栄誉を授ける、〜を称賛する

note
[nóut]

紙幣

codebreaker
[kóudbrèikər]

暗号解読者

NEW

visionary
[víʒənèri]

先見の明のある

mathematician
[mæ̀θəmətíʃən]

数学者

crack [krǽk]	（暗号などを）解読する、破る
coded message [kóudəd]	暗号文
HOT **play a role in doing** [róul]	～するに当たって役割を果たす
NEW **pivotal** [pívətəl]	極めて重要な、中枢の
UP **convict** [kənvíkt]	～に有罪判決を下す
homophobic [hòuməfóubik]	同性愛嫌悪の
eventually [ivéntʃuəli]	最終的に、ついに
lead...to do [líːd]	～するよう…を導く、 …に～させる
HOT **commit suicide** [súːəsàid]	自殺する
governor [ɡʌ́vərnər]	（銀行などの）総裁
UP **giant** [dʒáiənt]	偉人、巨匠
NEW **stand on someone's shoulders** [ʃóuldərz]	（先人などの）偉業の恩恵を 享受する

「偉人」に関する CNN リポートに挑戦！

Read this news report and answer the questions below.

A pioneer in both modern computing and the LGBT community is being honored in England. Alan Turing will be the face of Britain's new £50 note. Turing was the codebreaker and visionary mathematician who cracked Germany's coded messages during World War II. He also played a pivotal role in developing computers. He was also convicted under Victorian homophobic laws, which eventually led him to commit suicide. <u>The governor of the Bank of England called Turing "a giant on whose shoulders so many now stand."</u> The new notes will appear by the end of 2021.

>>> 94 words

問1 **What is Alan Turing known for?**

    (A) Developing computers

    (B) Breaking difficult codes

    (C) Being a victim of homophobic laws

    (D) All of the above

問2 **How will Turing be honored?**

    (A) He will be given a large sum of money.

    (B) He will be recognized as a leader of the LGBT community.

    (C) His image will be put on British money.

    (D) He will be made the governor of the Bank of England.

    *recognize A as B: AをBとして高く評価する

問3 **Translate the underlined part into Japanese.**

和訳

近代コンピューター科学とLGBT（性的少数者）界の双方で先駆者だった人物が、イギリスで栄誉を受けている。アラン・チューリングが、英国の新しい50ポンド札の肖像になるのだ。チューリングは第二次世界大戦中にドイツの暗号文を解読した暗号解読者で、先見の明のある数学者だった。彼はコンピューター開発においても極めて重要な役割を果たした。同時に、彼はビクトリア時代（から）の同性愛禁止法の下で有罪判決を受け、最終的に自殺するに至った。イングランド銀行の総裁はチューリングを評して、「現代人の多くがその偉業の恩恵を受けている偉人だ」と述べた。新紙幣は2021年末までに登場する予定だ。

解答と解説

問1 設問訳 アラン・チューリングは何で知られていますか？

選択肢 × **(A)** コンピューターを開発したこと

× **(B)** 難しい暗号を解読したこと

× **(C)** 同性愛禁止法の犠牲となったこと

○ **(D)** 上記のすべて

4文目He also played a pivotal role in <u>developing computers.</u> が選択肢A、3文目Turing was the <u>codebreaker...who cracked Germany's coded messages</u> が選択肢B、5文目 He was also <u>convicted under Victorian homophobic laws</u> が選択肢Cの内容に合致しています。選択肢Cのbe a victim ofは「～の犠牲となる」という意味です。

問2 設問訳 チューリングはどのように称えられますか？

選択肢 × **(A)** 彼は大金を受け取る。

× **(B)** 彼はLGBT界のリーダーとして評価される。

○ **(C)** 彼の肖像がイギリス紙幣に載る。

× **(D)** 彼はイングランド銀行の総裁になる。

2文目Alan Turing will be the face of Britain's new £50 note. とあります（noteはイギリス英語で「紙幣」）。「紙幣の顔になる」→「肖像が紙幣に載る」ということですね。選択肢Bに引っかからないように注意しましょう。Bにはa leaderとありますが、1文目にはA pioneer in...the LGBT community「LGBT界の<u>先駆者</u>」とあるため合致しません（will beという時制も合いませんね）。

問3 解答 イングランド銀行の総裁はチューリングを評して、「現代人の多くがその偉業の恩恵を受けている偉人だ」と述べた。

call O C「OをCと呼ぶ・言う」の形で、Turingが O、"a giant..." がCです。on whose shoulders... という関係詞節が、直前のa giantを修飾しています（詳しくは後述します）。

　stand on one's shouldersは、直訳「 人 の肩の上に立っている」→「 人 の恩恵を受けている」という熟語です。「巨人の肩の上に立つ」という言葉は、stand on the shoulders of giantsという表現が元になっています。比喩的な表現で、「先人たちが積み重ねた発見や成果に基づき、さらに進展したり恩恵を受けたりする」という意味です。

ここがカクシン！

▶「人工知能の父」と称される人物

アラン・チューリングは、イギリスの天才数学者・暗号研究者で、機械に命令するアルゴリズムの確立など、コンピューターの概念を初めて理論化し、その基礎を作ったという功績から、「人工知能の父」とも呼ばれています。彼の生涯は『イミテーション・ゲーム／エニグマと天才数学者の秘密』で映画化されたこともあります（2014年公開）。映画では、今回の記事にもあるように、ドイツ軍が使用した暗号文「エニグマ暗号（Enigma code）」を解読する様子が描かれています。そのチューリングが、英中央銀行から発行される新たな50ポンド紙幣の肖像に採用されることになりました。チューリングのコンピューター科学と人工知能への貢献が評価されてのことです。

▶ LGBT について

1文目に出てきたLGBTは、lesbian「女性同性愛者」、gay「（男性）同性愛者」、bisexual「両性愛者」、transgender「性別越境者」の頭文字をとった略語です（最後にQがついたLGBTQという言い方についてはp.95で解説します）。

5文目にVictorian homophobic laws「ビクトリア時代（から）の同性愛禁止法」がありますが、イギリスでは1967年まで男性同士の同性愛行為が違法とされ、有罪となれば禁固刑か、薬剤投与による「化学的去勢」の処分を受けることになっていました。

以上のようにアラン・チューリングは、「AI」「LGBT」という最新入試のテーマを横断する上に、従来からよく出る「貨幣」に加えて、「日本ではあまり知られていない」という4つもの出題されやすい要素を兼ね備えているため、入試で注目すべき人物の1人と言えます。

▶ 問3の解説詳細

「前置詞+関係代名詞」で関係詞節を作ることは頻繁にあります（on whichなど）が、問3のように、〈前置詞+whose+名詞〉のカタマリはめったに目にするものではありません。しかし考え方は通常とまったく同じで、「前の名詞を修飾している」「関係詞がカタマリを

作る」ということです。

　7〜8行目のa giant...standは、本来はSo many now stand on the giant's shoulders. という形でした。ここから、the giant's→whoseに変わり、on whose shouldersが丸ごと前に出ると、問題文の形になります。

　また、stand on the shoulders of giantsの使用例で最もよく知られているのは、科学者のアイザック・ニュートンが、1675年にロバート・フックに宛てた手紙の中で使われた言葉、If I have seen further, it is by standing on the shoulders of giants.「私がかなたを見渡せたのだとしたら、それは巨人の肩の上に乗っていたからです」というものでしょう。ただし、この表現を最初に用いたのは12世紀のフランスの哲学者シャルトルのベルナールが最初とされています。ちなみに、Google Scholar（論文などの学術資料の検索エンジン）のトップに掲げられているスローガンもStand on the shoulders of giantsです。大学生になったらこの検索エンジンをよく使うと思いますので、ぜひ見てみてください。

🔵 注意すべき語句

3行目のcodebreaker「暗号解読者」は、break a code「暗号を解読する」から生まれた名詞です。breakの「砕く」感じが出た表現です。

　4行目のcrack coded messagesという表現にも注目してください。crackは本来「ひびが入る音」を表します（食べるクラッカーは「噛んだときの音」、パーティーグッズのクラッカーは「破裂する音」からきています）。crack coded messagesは「暗号文（coded messages）を砕いてひびを入れる（crack）」→「暗号文を解読する」ということです。

💡 入試に出た！

チューリングをテーマにした長文問題が、駒澤大・成城大・成蹊大（2018年〜2019年）で出題されました。慶應大（2020年）では、彼がイギリス紙幣の肖像に選ばれたという、今回の記事と同じ内容が出ています。

イギリス紙幣の肖像になることが決まったアラン・チューリング

4 SNS／Social Media

ここ15年で爆発的に普及し、今や国のリーダーもこぞって使うようになった
SNS。その普及とともに顕在化してきたのがSNSでの誹謗中傷問題だ。子どもか
ら成人までの誰もが対象となる "現代のいじめ" に焦点を当てる。

リスニング対策は音声→問題へ ≫ アメリカ英語｜ゆっくり オーストラリア英語｜ナチュラル

「SNS」に関するボキャブラリー ▶ 実力を試したい方は先に問題を

social media [sóuʃəl míːdiə]	ソーシャルメディア、SNS
NEW **fasting** [fǽstiŋ]	断食
reflection [riflékʃən]	内省、反省、黙想
pope [póup]	ローマ教皇
would like...to do [wəd]	…に～してほしい
Catholic [kǽθəlik]	カトリック教徒
give up [ʌp]	（習慣的に使うものを）やめる、断つ
french fries [fréntʃ]	フライドポテト

soft drink [sɔ́ːft]	清涼飲料	
instead [instéd]	そうではなくて	
insult [insʌ́lt]	～を侮辱する、ばかにする	
useless words [júːsləs]	無駄口	
gossip [gάːsəp]	うわさ話、ゴシップ	
rumor [rúːmər]	うわさ	
tittle-tattle [títəltæ̀təl]	うわさ話、無駄話	
on a first-name basis [béisis]	ファーストネームで呼び合うほど親しげに	
slander [slǽːndər]	悪口、誹謗中傷	
abuse [əbjúːs]	ののしり、悪口、暴言	
overuse [òuvərjúːs]	乱用	
fear of missing out [fíər]	（情報から）取り残されることへの不安　▶略してFOMOとも。	

「SNS」に関する CNN リポートに挑戦！

Read this news report and answer the questions below.

It's Lent, the Christian season of fasting and reflection. Pope Francis would like Catholics around the world to give up something. It's not chocolate, not french fries, not soft drinks or soda. Instead, he would like people to stop insulting each other on social media. He said Lent "is a time to give up useless words, gossip, rumors, tittle-tattles and speak to God on a first-name basis." And yes, we're looking at you, Twitter.

>>> 74 words

問1 **What did Pope Francis ask Catholics to give up?**

(A) Chocolate

(B) French fries

(C) Harmful language

(D) All of the above

問2 **What does the report say the pope asked people to do during Lent?**

(A) Stop using social media

(B) Speak directly to God

(C) Pray on Twitter

(D) Eat healthy food

問3 **Translate the underlined part into Japanese.**

▌和訳

今は四旬節である。(四旬節とは) キリスト教における断食と内省の期間だ。フランシスコ教皇は全世界のカトリック教徒たちにあることをやめるように望んでいる。それはチョコレートでもフライドポテトでもなく、清涼飲料や炭酸飲料のことでもない。そうではなく、教皇が人々に望んでいるのはSNSで互いにののしり合うのをやめることだ。いわく、四旬節は「無駄口、うわさや流言、くだらないおしゃべりをやめ、神に親しく語り掛けるべき時だ」と。そしてそう、君のことを見ているよ、ツイッター。

▌解答と解説

問1 設問訳 フランシスコ教皇は、カトリック教徒たちに何をやめるように求めましたか？

選択肢 × **(A)** チョコレート

× **(B)** フライドポテト

○ **(C)** 人を害する言葉

× **(D)** 上記のすべて

4文目に Instead, he would like people to stop insulting each other on social media. とあります (would like 人 to 原形 「人 に〜してもらいたい」)。...not A. Instead, B. 「Aではない。その代わりにBだ」の形で、Insteadの後ろに主張がくることがポイントです。ちなみに、本文の stop insulting each other 「互いにののしり合うことをやめる」が、問題では give up harmful language 「人を害する言葉を使わないようにする」に言い換えられています。

問2 設問訳 報道では、フランシスコ教皇は人々が四旬節の間に何をするように求めたと述べられていますか？

選択肢 × **(A)** ソーシャルメディアを使うのをやめること

○ **(B)** 神にじかに話しかけること

× **(C)** ツイッター上で祈ること

× **(D)** 健康的な食事を取ること

5文目 Lent "is a time to give up...and speak to God on a first-name basis." とあります。on a first-name basis は直訳「ファーストネーム基準で」→「(ファーストネームで呼び合えるほど) 親しい間柄で」という意味で、選択肢Bでは directly 「じかに」に言い換えられています。ちなみに、directly の方が意味合いが広く、その中に on a first-name basis が含まれるという包含関係なので、言い換えの選択肢としては問題ありません。

問3 解答 フランシスコ教皇は全世界のカトリック教徒たちにあることをやめるように望んでいる。

would like 人 to 原形 「人 が〜することを望んでいる」の形です。4文目 Instead 以下にも同じ構文が使われていて、意味も対応しています。give up something が、4文目では stop insulting each other... という具体的な「行為」に言い換えられているわけです。これを踏まえると、something を「何か」と訳してしまっては日本語として不自然になります。ここでは「(何かしら) あること」などのように訳す工夫が必要です。

ここがカクシン！

▶ ローマ教皇について

Pope Francis「ローマ教皇フランシスコ」は、ローマ・カトリック教会のトップに立つ人物
で、2019年の来日が話題になりました（第264代教皇ヨハネ・パウロ二世による1981年の
来日以来38年ぶり）。広島・長崎を訪問し、核廃絶のための祈りを捧げました。上智大
学でも講演を行い、学内でもかなりの話題となったようです。ちなみに、pope「ローマ
教皇」は、ラテン語ではpapaで、これらはギリシャ語で「お父さん」を意味するpapasに
由来しています。キリスト教の最高権威者は、父としての配慮をしながら権力を行使す
る者である、という意味合いがこの言葉には込められているのです。

▶ 四旬節について

Lent「四旬節」とは、イエス・キリストの復活を祝う復活祭 (Easter) までの日曜日を除い
た40日間の準備期間のことです。イエス・キリストが荒野で40日間を断食して過ごした
ことにならい、その間キリスト教徒は節制や禁欲に努めます。現在ではチョコレートや
酒など自分の嗜好品を断つ人も多く、2017年には当時のイギリスのメイ首相がポテトチ
ップスを断つと宣言して話題になりました。

　英文の1文目のLentとthe Christian season of fasting and reflectionは「同格」の関係で、
「四旬節」の内容を後ろから具体的に説明しています。

　fasting「断食」も重要単語です。最近は日本語でも「軽い断食」を「ファスティング」と
言います。ちなみに、「断食 (fast) を終わりにする (break) ときの最初の食事」という意
味から、breakfast「朝食」という単語が生まれました。

▶ but はよく消える

　3〜4文目には、"...not A. Instead, B." という形が使われています。not A but B「Aでは
なくBだ」の形で、Bに主張の内容がくることは有名ですが、今回のような実際のニュー
スや難関大の入試では、butはかなりの頻度で消えます。

　その代わり、今回の英文のように、butを他の語句 (indeed/instead/in fact/rather) など

で置き換えるパターンが多いのです。否定文の後ろにこういった語句が出てきたら、「主張だ！」と反応できるようにすることが大切です。今回も Instead の後ろに「SNSで互いにののしり合うのをやめてほしい」という主張がきていますね。

💡 入試に出た！

名古屋大（2020年）では「インターネットが及ぼす影響」という内容の、早稲田大（2020年）や北海道大（2020年）でもSNSをテーマにした出題があります。神戸市外国語大（2020年）では「SNSにおける言葉遣い」に関する和文英訳、北海道大（2019年）で「SNSの是非」に関する

SNSでの誹謗中傷に関する問題は世界的なホット・イシューだ

自由英作文が出題されました。今の受験生は絶対に対策をしておくべきテーマです。

5 トランスジェンダー／Transgender People

近年、日本においてもLGBT（性的少数者）の人々への偏見や差別をなくし、社会の理解を促そうとする活動が活発に行われている。かたや、LGBT運動の本場アメリカでは、社会の理解を促す働きかけとして、あるユニークな取り組みが計画されているという。

リスニング対策は音声→問題へ　≫　アメリカ英語｜ゆっくり ⑬｜南アフリカ英語｜ナチュラル ⑭

「トランスジェンダー」に関するボキャブラリー ⑮ ▶実力を試したい方は先に問題を

NEW	**transgender** [trænsdʒéndər]	トランスジェンダーの
NEW	**streaming** [stríːmiŋ]	ストリーミングの
	character [kǽrəktər]	登場人物、キャラクター
	president [prézidənt]	社長、委員長、議長
	confirm [kənfə́ːrm]	〜が事実であると認める、肯定する
	Q-and-A session [séʃən]	質疑応答の時間
HOT	**specify** [spésəfài]	〜を詳細に述べる、特定する
UP	**come out** [kʌ́m]	〈映画などが〉公開される

certainly [sə́:rtənli]		確かに、疑いなく
strive for [stráiv]		〜を目指して努力する
diversity [divə́:rsəti]		多様性
discrimination [diskrìminéiʃən]		差別
prejudice [prédʒədəs]		偏見
sexual orientation [ɔ̀:riəntéiʃən]		性的指向
gender identity [aidéntəti]		性自認
legalize [lí:gəlàiz]		〜を合法化する
human rights [ráits]		人権
privilege [prívəlidʒ]		特権
inequality [ìnikwɔ́ləti]		不平等
social status [sóuʃəl]		社会的地位

「トランスジェンダー」に関する CNN リポートに挑戦！

▌ Read this news report and answer the questions below.

Coming soon to a theater or streaming service near you: a transgender Marvel character. Marvel Studios' president, Kevin Feige, has confirmed the news during a Q-and-A session at the New York Film Academy. He did not specify which movie would include the transgender character or when it'll come out, but <u>he did say that the studio is certainly striving for more diversity.</u>

>>> 62 words

問1 **What was the announcement?**

    (A) That Marvel had a new president

    (B) That a Marvel film would include a transgender character

    (C) That Marvel had released a new movie

    (D) That Marvel films would no longer include a certain character

問2 **Where was the announcement made?**

    (A) At a theater

    (B) At Marvel Studios

    (C) At the New York Film Academy

    (D) On a streaming service

問3 **Translate the underlined part into Japanese.**

和訳

マーベルのトランスジェンダー・キャラクターが近くの劇場やストリーミングサービスにまもなくやってくる。マーベル・スタジオのケビン・ファイギ社長は、ニューヨーク・フィルム・アカデミーの質疑応答のコーナーでその報道が事実であることを認めている。彼はどの映画にトランスジェンダーのキャラクターが登場し、それがいつ公開されるかについては特定しなかった。だが彼は、同スタジオはさらなる多様性の実現に向けて間違いなく尽力していると確かに言った。

解答と解説

問1 設問訳 発表はどのようなものでしたか？

選択肢 × **(A)** マーベルが新しい社長を迎えたこと

〇 **(B)** マーベルの映画にトランスジェンダーのキャラクターが登場すること

× **(C)** マーベルが新しい映画を公開したこと

× **(D)** マーベルの映画は、あるキャラクターをもう登場させないということ

1文目 Coming soon to a theater or streaming service near you: a transgender Marvel character. から、「マーベルの映画にトランスジェンダーのキャラクターが登場する」とわかります。ちなみに、Coming soon...near you は新作映画の公開を知らせる決まり文句です。日本の CM でもよく Coming soon!「近日公開！」と使われることがありますね。

問2 設問訳 発表はどこで行われましたか？

選択肢 × **(A)** 映画館で

× **(B)** マーベル・スタジオで

〇 **(C)** ニューヨーク・フィルム・アカデミーで

× **(D)** ストリーミングサービスで

2文目 Marvel Studios' president, Kevin Feige, has confirmed the news during a Q-and-A session at the New York Film Academy. とあります。the news は前文の「トランスジェンダーのキャラクターが登場すること」を指しています。ちなみに設問文は、make the announcement「アナウンスをする、発表をする」が受動態になった形です。

問3 解答 彼は、同スタジオはさらなる多様性の実現に向けて間違いなく尽力していると確かに言った。

did say の did は「強調の do」で、動詞 say の意味を強めています。訳には「確かに〜する、実際に〜する」などの強調のニュアンスが加わります。

　また、the studio を単に「スタジオ」と訳すのは不自然です。前に出た Marvel Studio を指すので、そのまま「マーベル・スタジオ」か「同スタジオ」「そのスタジオ」などとしましょう。文末の diversity も、（今では日本語でもそのまま使われますが）「ダイバーシティー」とするのは避けて、「多様性」とする方が無難でしょう（カタカナ語は完全に浸透したものでないと減点される恐れがあります）。

ここがカクシン！

人気のマーベル作品にトランスジェンダーのキャラクター

Marvel Studios「マーベル・スタジオ」は、アメリカンコミックの出版社「マーベル・コミック」の作品を原作とした映画やドラマを制作するスタジオです。『スパイダーマン』『X-メン』『アイアンマン』などの有名作品で知られています。

　アメリカンコミックのヒーローといえば、かつては「白人男性」ばかりが目立っていましたが、昨今はヒーローも多様化が進み、黒人や女性、アジア人のヒーローなどが誕生しています。トランスジェンダーのヒーローが実現すれば、アメリカンコミック界では初めてのこととなります。

　この「物語でのキャラクターの特性」に関する英文は大学入試でも頻出で、そこへ「日本でもますます人気を博しているマーベルがトランスジェンダー・キャラクターを採用」というのは、（若者の注目度も高まるだけに）大学の先生が飛びつきそうな話題でしょう。

trans- は「超えて／移動して」

transgender「トランスジェンダー」は、「性別越境者」と訳されることもあります。問3の解説でdiversityにカタカナ語を使うのを避けるように書きましたが、transgenderのような新しい概念は日本語訳が定着していないため、万一、和訳として出題されて、しかも注がない場合はそのままカタカナで「トランスジェンダー」と書いて問題ありません。

　ちなみに、trans-は「超えて／移動して」を表します。transport「港 (port) から移す (trans)」→「運ぶ／輸送する」、transplant「臓器を移動して (trans) 植えつける (plant)」→「移植する」、transact「会社をまたいで (trans) 行動する (act)」→「取引する」というイメージで覚えるとよいでしょう。

女子大での動き

ジェンダー区別を廃止する日本での動きとして、ユニリーバ・ジャパン・ホールディングスは、採用選考時の応募書類から性別欄や顔写真を廃止しました（2020年）。

　こういったことは先進的な発想をする企業から広まることが多いのですが、トランス

ジェンダーを尊重する動きは大学でも急速に広まりつつあります。例えば、お茶の水女子大学（2020年度〜）、奈良女子大学（2020年度〜）、宮城学院女子大学（2021年度〜）、日本女子大学（2024年度〜）は、今後の入試でトランスジェンダー女子学生を受け入れるという方針を発表しています。さらに津田塾大学、東京女子大学などもトランスジェンダー女子学生の受け入れを検討しているとのことです。

▶ streaming service について

1文目の streaming service「ストリーミングサービス」はすでに日本でそのまま使われていますが、インターネット上の映像や音楽を即座に再生できるサービスです（動画サービスの YouTube や Netflix、音楽配信アプリ Apple Music などが有名）。stream は本来「小川、流れ」で、スムーズに再生される「流れ」がイメージされる単語です。

💡 入試に出た！

トランスジェンダーのキャラクター登場について発表するファイギ社長

今回の記事はあまりにも新しい内容なので、同じ出題はまだありませんが、「人種差別」は頻出テーマで、早稲田大（2020年）、学習院大（2020年）などで出題されていますし、上智大（2020年）では「人種差別に抗議した人の体験談」が出ています。また、「物語におけるキャラクターについて」の英文は学習院大（2019年）で出題されました。

6 スーパーアース／Super-Earth

私たちが住む地球はむろん太陽系に属しているが、この太陽系の外にある別の恒星系に、地球によく似た惑星「スーパーアース（巨大地球型惑星）」があるという。スーパーアースに関する新発見を押さえよう。

リスニング対策は音声→問題へ 》》 アメリカ英語｜ゆっくり **16** スコットランド系英語｜ナチュラル **17**

「スーパーアース」に関するボキャブラリー **18** ▷ 実力を試したい方は先に問題を

	relatively [rélətivli]	比較的
	nearby [nìərbái]	近くの
	planet [plǽnət]	惑星
UP	**potentially** [pəténʃəli]	潜在的に、もしかしたら
	support life [səpɔ́ːrt]	生命を維持する
HOT	**as we know it** [nóu]	私たちが知る形での
	Hubble Space Telescope [téləskòup]	《the〜》ハッブル宇宙望遠鏡
HOT	**detect** [ditékt]	〜を検知する、検出する

water vapor [wɔ́:tər vèipər]		水蒸気
atmosphere [ǽtməsfìər]		大気
liquid water [líkwid]		液体状の水
flow [flóu]		流れる
so-called [sóukɔ́:ld]		いわゆる
super-Earth [sú:pərə́:rθ]		巨大地球型惑星、スーパーアース
orbit [ɔ́:rbət]		〜の軌道を回る
sun [sʌ́n]		恒星、恒星系の中心的な星
habitable [hǽbitəbəl]		生息可能な
colonize [ká:lənàiz]		〜に入植する、移住する
astronomer [əstrá:nəmər]		天文学者
exoplanet [éksouplæ̀nət]		太陽系外惑星

「スーパーアース」に関する CNN リポートに挑戦！

▌Read this news report and answer the questions below.

For the first time, scientists say they've found a relatively nearby planet with water and temperatures that could potentially support life as we know it. Researchers using data from the Hubble Space Telescope say they detected water vapor in the planet's atmosphere and it's warm enough for liquid water to flow there. The so-called super-Earth is several times larger than our planet, and it orbits its red sun every 33 days.

>>> 71 words

問1 **What is most significant about the discovered planet?**

(A) It is the closest planet to Earth.

(B) It has some conditions necessary to support life.

(C) It is the first planet discovered using the Hubble Space Telescope.

(D) It orbits a red sun.

問2 **How is the discovered planet similar to Earth?**

(A) It is about the same size as Earth.

(B) It orbits our sun.

(C) Its temperatures are suitable for liquid water.

(D) All of the above

問3 **Translate the underlined part into Japanese.**

▌和訳

比較的近くにある、私たちが知る形での生命をもしかしたら維持できるかもしれない水と温度を備えた惑星を初めて発見したと科学者たちは言う。ハッブル宇宙望遠鏡で得られたデータを利用する研究者らによれば、彼らはその惑星の大気中に水蒸気を検出し、その惑星は、液体の水が（凍りも蒸発もせず）流れるのに足る温かさだという。そのいわゆる「スーパーアース」は私たちの惑星より数倍大きく、その赤い恒星を周回する軌道を33日周期で公転している。

▌解答と解説

問1 [設問訳] 発見された惑星について、最も重要なことは何ですか？
[選択肢] × **(A)** それは地球に最も近い惑星である。
○ （B）それは生命を維持するのに必要な条件をいくつか備えている。
× **(C)** それはハッブル宇宙望遠鏡を使って発見された最初の惑星である。
× **(D)** それは赤い恒星を周回している。

1文目に <u>For the first time</u>, scientists say they've found a relatively nearby planet with water and temperatures that <u>could potentially support life</u> as we know it とあります（ここでのcouldは「推量（〜かもしれない）」）。「生命維持に必要な水と温度を備えた惑星の発見」が初めてだったわけですから、選択肢Bが正解です。ちなみにas we know itのasは「名詞限定のas」と呼ばれるもので、「<u>私たちが知っているような</u>生命」と、名詞lifeを修飾しています。

問2 [設問訳] 発見された惑星はどのような点で地球と似ていますか？
[選択肢] × **(A)** それは地球とほとんど同じ大きさである。
× **(B)** それは私たちの恒星（太陽）を周回している。
○ （C）その気温は液体の水に適している。
× **(D)** 上記の全て

2文目後半に it's warm enough for liquid water to flow there「液体の水が（凍りも蒸発もせず）流れるのに十分なほど温かい」とあります（このitは仮Sではなく、「寒暖・状況」を表すものにもとれますし、the planet's atmosphereを指すものともとれます）。[形容詞] enough to [原形]「〜するのに十分[形容詞]だ」の間に意味上のS (for liquid water) が入り込んだ形です。

ちなみに、the sun は「太陽」を表しますが、定冠詞のつかないsun は「恒星・恒星系の中心的な星」という意味で使われることがあります。今回、本文中のits red sun「その赤い恒星」と選択肢Bのour sun「私たちの恒星（＝太陽）」は別物です。

問3 [解答] それ（スーパーアース）はその赤い恒星を33日周期で周回している。

orbitは名詞「軌道」以外に、動詞「周回する」という用法があります。難関大学ではorbitは当然のように出てくるのですが、意外と知らない受験生も多いので必ずチェックしておきましょう。its red sunを「その赤い太陽」と訳してはいけないのは、問2でも説明した通りです。今回は「その赤い恒星」とします。

最後はevery [基数] [複数名詞]「〜ごとに」の形です。everyの直後は単数名詞がくるのが原則（every studentなど）ですが、この形では33 daysを「1つのカタマリ」とみなすので、見た目には複数名詞を置くことができます。

ここがカクシン！

▶ スーパーアースとは？

近年、宇宙空間でスーパーアースが頻繁に発見されるようになり、話題になっています。2020年にも「グリーゼ887」が発見されたというニュースがありました。スーパーアースとは、一般的に地球の数倍の質量を持った惑星を指し、日本語では「巨大地球型惑星」と訳されることが多いようです。

　また、ハッブル宇宙望遠鏡とは、1990年に打ち上げられた宇宙望遠鏡で、地上約600km上空の軌道を周回しています。宇宙空間に存在するため、大気の影響を受けず、高い精度での天体観測が可能です。この望遠鏡に関する話題は入試の長文問題でもよく出題されます。同志社大、北里大、愛知学院大などの長文問題 (2019年)、東京大のリスニング (2015年) で登場しています。

▶ 最新ニュースで多用される could

1文目後半の関係代名詞thatの後に、could potentially support lifeという表現があります。このcouldは「推量」を表すので、potentiallyという単語は重複にも思えますが、あえてpotentiallyをつけることで、couldが「推量」の意味だと明示する働きがあるのです。ちなみに推量のcould「もしかしたら〜でありえる」という用法は、CNNのようなニュースでは頻繁に使われます。当然、こういった最新の話題で多用されるため、入試でも注意しておきましょう。

▶ 名詞限定のas

1文目後半life as we know itのasは「名詞限定のas」です。関係代名詞のasに見えますが、関係代名詞ならば後ろが不完全な (主語や目的語が欠けている) 形になるはずですが、この用法では必ず「完全な形」がくるので接続詞扱いとなります (今回はwe know itというSVOの構文で、主語も目的語もちゃんと存在していますね)。

「名詞限定の as」の特徴

> (1) as 節中に「代名詞 (it など)」がある (その代名詞は「as 直前の名詞」を指す)。
>
> (2) as 節中の〈S+be〉は省略されることが多い。その結果、〈as 形容詞〉や〈as p.p.〉の形になる。

　今回の英文でも as we know it で「代名詞 it」があることから、「名詞限定の as」だと判断できます。「名詞限定の as」は、ある名詞の「一面を切り取って説明する」感覚です。今回の英文でいえば、宇宙空間にはいろいろな生命 (life) があると考えられますが、その中で「私たちが知っているような生命」に限定しているのです。as we know it はこのままよく使われますので、この機会に慣れておきましょう。

💡 入試に出た！

受験生にはあまり知られていないのですが、「宇宙」の話は難関大学では頻出テーマなんです。地球以外に居住可能な惑星の探索に注目が集まっていることから、明治大 (2019年) では「火星旅行」

太陽系外惑星の話題は今後大注目のトピックだ

に関する長文、神戸大 (2019年) でも「火星移住」に関する長文が出題されました。火星の話も引き続き出ると思いますが、そろそろ、この火星の話からさらに進んだスーパーアースの話に移行していくのではないかと予想しています。

7 AI（人工知能）／Artificial Intelligence

7
AI
（人工知能）

世界的に研究の進むAI（人工知能）。スマートフォンのアシスタント機能やAIスピーカーの登場など、すでに暮らしに関わるさまざまな製品に搭載され身近な存在となっているが、オーストラリアでは警察業務への応用が始まったという。

リスニング対策は音声→問題へ ≫ アメリカ英語｜ゆっくり オーストラリア英語｜ナチュラル

「AI（人工知能）」に関するボキャブラリー ▶ 実力を試したい方は先に問題を

NEW	**artificial intelligence** [ɑ̀rtifíʃəl]	人工知能 ▶略称AI。
	the first of its kind [fə́:rst]	（今までに）類を見ないもの、 初めてのもの
	cellphone [sélfòun]	携帯電話 ▶単に phone とも。
HOT	**detection** [ditékʃən]	探知、検出
NEW	**crack down on** [krǽk]	〜を厳重に取り締まる、 〜に断固たる措置を取る
	illegally [ilí:gəli]	違法に、不法に
UP	**behind the wheel** [hwí:l]	車の運転中に、ハンドルを握って
HOT	**catch (...doing)** [kǽtʃ]	（…が悪いことをしているところを） 見つける

HOT 🔥	**face** [féis]	～に直面する
	fine [fáin]	罰金
	penalty point [pénəlti]	(交通)違反点数
	license [láisəns]	(運転)免許証
	test run [rʌ́n]	(機械やシステムの)試運転
UP	**target** [tɑ́:rgət]	～を標的とする、目標とする
HOT 🔥	**device** [diváis]	装置、機器
UP	**spot** [spɑ́t]	～を見つける、見分ける
	innovate [ínəvèit]	～を革新する、刷新する
NEW ✨	**encrypt** [inkrípt]	～を暗号化する
	tech-savvy [téksævi]	テクノロジーに精通した、ハイテク通の
	trial [tráiəl]	試験、実験

「AI（人工知能）」に関する CNN リポートに挑戦！

❚ Read this news report and answer the questions below.

It's been called the first of its kind: New South Wales in Australia now has cellphone-detection cameras to crack down on drivers illegally using phones behind the wheel. The government says the cameras will use artificial intelligence. <u>If caught, drivers could face several hundred dollars in fines and penalty points on their license.</u> In a test run earlier this year, officials said, the technology caught more than 100,000 drivers using their phones.

>>> **72 words**

問1 **What is the new technology designed to stop drivers from doing?**

    (A) Using cameras

    (B) Using artificial intelligence

    (C) Speeding

    (D) Illegally using cellphones

問2 **How many drivers did officials say had been caught?**

    (A) About 100

    (B) Around 1,000

    (C) Over 100,000

    (D) The technology had not yet been used to catch drivers.

問3 **Translate the underlined part into Japanese.**

和訳

この種のものではこれが初めての試みだと言われている。オーストラリアのニューサウスウェールズ州は今、運転中に違法に携帯電話を使用しているドライバーを厳重に取り締まるための携帯電話探知カメラを導入している。政府によれば、カメラには人工知能が搭載されているという。もし見つかれば、そのドライバーは数百ドルの罰金と、免許証に交通違反点数を科せられる可能性がある。当局によると、今年すでに行われたこのカメラの試験運用では、10万人以上のドライバーが（運転中に）携帯電話を使用しているのを捉えたという。

解答と解説

問1 設問訳 新しい技術は、ドライバーが何をするのを防ぐように設計されていますか？

選択肢 × **(A)** カメラを使うこと

× **(B)** 人工知能を使うこと

× **(C)** 速度違反をすること

○ **(D)** 違法に携帯電話を使用すること

1文目後半に New South Wales...now has cellphone-detection cameras to crack down on drivers illegally using phones behind the wheel. とあります（illegally using... は分詞のカタマリで、drivers を修飾しています）。crack down on「〜を厳重に取り締まる」がポイントです。crack は本来「ひびが入る音（ピシッ）・破裂する音（パンッ）」などを示す単語で、crack down on は「ムチでピシッとたたく音」からイメージしてください。また、behind the wheel は直訳「ハンドル（the wheel）の後ろで（behind）」→「運転席にいる」→「運転している」です。

問2 設問訳 当局はどれくらいのドライバーを捉えたと言いましたか？

選択肢 × **(A)** 約100人

× **(B)** 約1000人

○ **(C)** 10万人以上

× **(D)** この技術はまだドライバーを捉えるために使われていなかった。

最後の文の後半に officials said, the technology caught more than 100,000 drivers using their phones とあります（catch 人 -ing「人 が〜しているのを見つける」の形）。本文の more than... が選択肢では over... に言い換えられています。ちなみに設問文は Official said how many drivers had been caught. の下線部が前に出て、疑問文の語順になった形です。

問3 解答 もし見つかれば、そのドライバーは数百ドルの罰金と、免許証に交通違反点数を科せられる可能性がある。

If caught は、If [they are] caught [using phones behind the wheel] ということです（副詞節中における「主語と be 動詞の省略」）。ミスが多いところですが、この catch は「（物理的に）つかまえる」ではありません。次の文の catch 人 -ing「人 が〜しているのを見つける」と同じ用法で、「もし見つかれば」と訳す必要があります。主節の face は他動詞「〜に直面する」で、直訳「罰金と違反点数に直面する可能性がある」→「罰金と違反点数を科せられる可能性がある」とします（could は「推量」）。fine は本来「最後の」の意味で（finish と語源が一緒）、「（物事を）締めくくるもの、終わりにするもの」→「罰金」となりました。

ここがカクシン！

● AIを活用する事例

オーストラリア（ニューサウスウェールズ州）では、「ながら運転」を検出する人工知能（artificial intelligence）を搭載した「高解像度探知カメラ」を導入しました（2019年）。このシステムでは、違法にスマートフォンを使用している可能性のあるドライバーを自動的に検出して撮影し、その画像を人間の担当者が確認する仕組みです。州当局は、「ながら運転」による前方不注意が原因で起こる事故を減少させ、2021年までに交通事故による死者数を3割減らすことを目標にしています。このカメラの設置により、5年間で約100件の死亡・重傷事故を防止できるといわれています。日本でも「ながら運転」は大きな問題となっており、「ながら運転」を厳罰化した改正道路交通法が施行されました（2019年）。

　われわれの生活を劇的に変えているAIは当然、重要なテーマであり、生活向上に使われる事例は常にニュースで扱われます。入試でも超頻出テーマで、長文・英作文など、出題例は数え切れません。

● 細かいことの解説

1文目のthe first of its kind「その種類の中で初めてのもの」は、the first 名詞 of its kind「その種類の中で初めての 名詞 」と、具体的な名詞とセットで使われることもあります。

　4文目In a test run earlier this yearの部分は、2つの解釈が可能で、①「run earlier this yearまでが分詞のカタマリ」、②「a test runが名詞句（試験運用）」のどちらでも解釈できます。

💡 入試に出た！

AIに関する出題は止まりません！「AIが人間に勝る可能性」の英文が早稲田大（2019年）、「AIと労働」に触れた英文が大阪市立大（2019年）、同志社大（2019年）で出ています。それと似たテーマが

オーストラリアで導入されたAI搭載カメラ

名古屋工業大（2020年）で、「AIと人間の知能」についての英文が東京農工大（2020年）で出ています。

　今回の記事と同じような話題として、「（カメラで監視される）スマートシティー」という内容が横浜市立大（2020年）の長文で、それに関連した「防犯カメラの是非」に関する自由英作文が下関市立大（2020年）で出ています。

8 スーパーバグ／Superbugs

新型コロナや新型インフルエンザに注目が集まっているが、「スーパーバグ（多剤耐性菌）」も人類の手強い敵だ。日本ではほとんど報じられないものの、薬剤の効かないこの病原菌が世界で猛威を振るっている。

リスニング対策は音声→問題へ ≫ アメリカ英語｜ゆっくり オーストラリア英語｜ナチュラル

「スーパーバグ」に関するボキャブラリー ▶実力を試したい方は先に問題を

smart
[smá:rt]　賢い

handheld device
[hǽndhèld]　携帯端末

superbug
[súːpərbʌ̀g]　多剤耐性菌

bug
[bʌ́g]　ばい菌、微生物

beat
[bíːt]　〜をしのぐ、〜に勝る

antibiotics
[æ̀ntibaiá:tiks]　抗生物質

die from
[dái]　〜が原因で死ぬ

infection
[infékʃən]　感染

death
[déθ]

死亡事例

UP
transmission
[trænzmíʃən]

伝染、感染

strain
[stréin]

（ウイルスの）株、型

HOT
germ
[dʒə́ːrm]

細菌、ばい菌

UP
contract
[kəntrǽkt]

（重い病気に）かかる

UP
affect
[əfékt]

〈病気が〉（局所を）冒す、襲う

resistant
[rizístənt]

抵抗力のある、耐性のある

UP
condition
[kəndíʃən]

病気、疾患

rapidly acting
[ǽktiŋ]

即効性の

HOT
treatment
[tríːtmənt]

治療、治療法

injection
[indʒékʃən]

（薬品の）注射

NEW
antibody
[ǽntibàːdi]

抗体、免疫体

「スーパーバグ」に関する CNN リポートに挑戦！

❚ Read this news report and answer the questions below.

<u>They're small but smart.</u> No, we are not talking about the latest handheld device but about superbugs. A new report from the US Centers for Disease Control and Prevention says these bugs can beat most antibiotics, and every 15 minutes, someone in the US dies from a superbug infection. That's about 35,000 deaths a year.

>>> **55 words**

問1 **What is a characteristic of these superbugs?**

    (A) They are small.

    (B) They are smart.

    (C) They are resistant to antibiotics.

    (D) All of the above

    *characteristic: 特徴

問2 **How often does someone in the US die as a result of superbugs?**

    (A) Every three to five minutes

    (B) Every 15 minutes

    (C) Every 35 minutes

    (D) The information is not provided.

問3 **Translate the underlined part into Japanese.**

▌和訳

それらは小さいが賢い。いや、手のひらサイズの最新デバイスの話ではなく、スーパーバグの話だ。米国疾病予防管理センターの新たな報告によれば、これらの細菌にはほとんどの抗生物質が効かず、米国では15分に1人がスーパーバグの感染によって死亡している（計算になる）という。年間でおよそ3万5000人の死亡者数になる。

▌解答と解説

問1 設問訳 これらスーパーバグの特徴は何ですか？
選択肢 × **(A)** 小さいこと。
　　　 × **(B)** 賢いこと。
　　　 × **(C)** 抗生物質に耐性を持っていること。
　　　 ○ **(D)** 上記のすべて

1文目 They're small but smart. が選択肢A、Bと合致し、3文目 A new report...says these bugs can beat most antibiotics が選択肢Cと合致します。本文の can beat「打ち勝つことができる」が、選択肢Cでは be resistant to「～に対して耐性を持つ」に言い換えられています。ちなみに、2文目冒頭の No は we are not talking about... の否定の意味を強めるもので（辞書にも載っています）、前文の small but smart を否定するものではありません。

問2 設問訳 どれくらいの頻度で、アメリカ人1人がスーパーバグによって亡くなっていますか？
選択肢 × **(A)** 3～5分ごと
　　　 ○ **(B)** 15分ごと
　　　 × **(C)** 35分ごと
　　　 × **(D)** その情報は与えられていない。

3文目後半 every 15 minutes, someone in the US dies from a superbug infection とあります。every 基数 複数名詞「～ごとに」については、p.46（基礎編⑥）で解説しました。

問3 解答 それらは小さいが賢い。

smart をそのまま「スマート」と訳してはいけません。日本語のスマートには「（体つきが）細い」という意味がありますが、英語の smart は「賢い、高性能な」という意味です（「スマートフォン」や「スマートスピーカー」でおなじみですが、和訳問題であればきちんと訳出することが求められます）。

　ちなみに、bright にも「明るい」の他に「頭が明るい」→「頭が良い」という意味があるので、セットで押さえておきましょう。

ここがカクシン！

◗「スーパーバグ」とは？

「スーパーバグ」とは、多くの抗生物質に対して耐性をもつ細菌のことです。この細菌は世界的に問題となっており、国立感染症研究所の調査では、既存の抗菌薬が効かない耐性菌は年々増え続けているとのことです。日本でも、年間8000人以上が薬剤耐性菌により亡くなっていると推計されています。

　スーパーバグがまん延する原因としては、病人や家畜に対する抗生物質の過剰投与が挙げられます。ご存じの通り、新型コロナウイルスにより「ワクチンを開発するには時間がかかる」などの認識も広まりつつある中で、こういったことに関する出題も増えることが予想されます。

　また、英単語bugは本来「小さな虫」を指し、「昆虫」と訳されることが多いですが、今回は「小さな虫」→「ばい菌、微生物」の意味です（辞書にも載っています）。ちなみに、コンピューターの「バグ」は「欠陥、故障」などを表しますが、これはコンピューターに虫が入ったことに由来します（そんな由来も知らず、ボクらの世代では「ファミコンがバグった」と小学生のころよく言っていました）。

◗ 語句について

2文目にNoとありますが、これはsmall but smart「小さいが賢い」を読んだときに、smartphoneが連想されやすいため、2文目でNo, we are not... と断りを入れたものです。

　3文目に登場したthe US Centers for Disease Control and Preventionは、CDCという省略形でニュースに出ることも多いです。この略称はとりわけ、見出しで使われたり、一度the US Centers for Disease Control and Preventionと言った後に使われるパターンが多いようです。

　3行目のantibiotics「抗生物質」は基本単語です。antiは「アンチ／反抗する」、bioは「生物」なので、他の微生物が成長するのに「歯止めをかける」抗生物質を表します。

🔔 入試に出た！

まだ「スーパーバグ」そのものに関する英文は出
題されていないようですが、名古屋市立大 (2020
年) で「ワクチン接種」に関する英文が出ていま

北極でスーパーバグの遺伝子が見つかっ
たという研究結果も

す。また、大学入試ではありませんが、英検®1級

の試験で、"Agree or disagree: Infectious diseases will become a bigger problem in the
coming decades" というテーマの英作文問題が出題されています (2019年度・第1回
の出題なので、新型コロナウイルスが流行する前のことです)。

9 女性リーダー／Female Leaders

欧米を中心とした女性の地位向上運動の始まりから約60年を数え、近年では世界的な注目を集める女性リーダーも多く出現。男女数のバランスが取れた組織の方がより高い利益を生み出すというジェンダー・バランスの研究報告にも関心が集まっている。

リスニング対策は音声→問題へ 》》 アメリカ英語｜ゆっくり カナダ英語｜ナチュラル

「女性リーダー」に関するボキャブラリー ▶実力を試したい方は先に問題を

European Commission [jùərəpíːən]	《the ～》欧州委員会 ▶EU（欧州連合）の行政執行機関。EUの政府・内閣に相当。
outgoing [áutgòuiŋ]	去って行く、退任予定の
defense minister [mínistər]	防衛大臣、国防相
win [wín]	（地位などを）勝ち取る
post [póust]	地位、職
receive support [risíːv]	支持を得る
European Parliament [páːrləmənt]	《the ～》欧州議会 ▶EU Parliamentとも。
succeed [səksíːd]	～の後任となる、後を継ぐ

UP

UP

HOT

HOT	**vote** [vóut]	①票　②選挙
HOT	**be in charge** [tʃáːrdʒ]	責任者である、統率者である
	step down [stép]	辞任する、引退する
UP	**run** [rʌ́n]	〜を統治する
	successfully [səksésfəli]	首尾よく、うまく、成功のうちに
	current [kə́ːrənt]	現在の、現行の
NEW	**women's empowerment** [impáuərmənt]	女性の権利を強化する活動
	gender parity [pǽrəti]	男女平等、男女同権
NEW	**glass ceiling** [síːliŋ]	ガラスの天井、（女性・少数派に対する）目に見えない昇進の壁
HOT	**boost** [búːst]	〜を強化する、促進する
HOT	**labor shortage** [ʃɔ́ːrtidʒ]	労働力不足、人手不足
	front-runner [frʌ́ntrʌ̀nər]	（競争の）先頭に立つ人

「女性リーダー」に関する CNN リポートに挑戦！

▍Read this news report and answer the questions below.

The European Commission is getting a new leader. Germany's outgoing defense minister is to be its next president. Ursula von der Leyen is the first woman to win the post, after receiving European Parliament support to succeed Jean-Claude Juncker. Now, Von der Leyen was confirmed by just nine votes.

>>> 49 words

問1 **Who is Jean-Claude Juncker?**

(A) The next president of the European Commission

(B) Germany's new defense minister

(C) The outgoing leader of the European Commission

(D) The outgoing president of the European Parliament

問2 **What is unprecedented about the next leader of the European Commission?**

(A) No other woman has ever had the job.

(B) He/She was confirmed by a narrow vote.

(C) He/She is the youngest person ever to have the job.

(D) He/She received support from the European Parliament.

問3 **Translate the underlined part into Japanese.**

▌和訳

欧州委員会は新たな指導者を迎える。退任するドイツの国防相が、その（欧州委員会の）次期委員長となる。ウルズラ・フォン・デア・ライエン氏は、ジャン＝クロード・ユンケル氏の後任となるための欧州議会の支持を受けたことでその地位を勝ち取った初の女性だ。さて、フォン・デア・ライエン氏はわずか9票差で（委員長として）承認された。

▌解答と解説

問1 設問訳 ジャン＝クロード・ユンケル氏とは誰ですか？
選択肢 ×　（A）欧州委員会の次期委員長
　　　 ×　（B）ドイツの新たな国防相
　　　 ○　（C）退任する欧州委員会の指導者
　　　 ×　（D）退任する欧州議会の議長

3文目 Ursula von der Leyen is the first woman to win the post, after receiving European Parliament support to succeed Jean-Claude Juncker. とあります。「Ursula von der Leyen が Jean-Claude Juncker の後を継ぐ」という関係から、Jean-Claude Juncker は「現在の欧州委員会の指導者」だとわかります。ちなみに succeed は succeed in「〜に成功する」という使い方が有名ですが、本来「跡を継ぐ、相続する」という意味で、そこから「成功する」という意味が生まれました。「相続成功！」というイメージで押さえておきましょう。

問2 設問訳 欧州委員会の次期委員長について、史上初のこととは何ですか？
選択肢 ○　（A）今までその職に就いた女性が他に誰もいないこと。
　　　 ×　（B）彼／彼女がわずかな得票差で承認されたこと。
　　　 ×　（C）彼／彼女が史上最年少でその職に就くこと。
　　　 ×　（D）彼／彼女が欧州議会から支持を得たこと。

3文目前半 Ursula von der Leyen is the first woman to win the post「ウルズラ・フォン・デア・ライエン氏はその地位を勝ち取る初の女性だ」とあります。the first 名詞 to 原形「初めて〜する 名詞」の形で、形容詞的用法の to 不定詞が前の 名詞 を修飾しています。ちなみに、選択肢B、Dの内容も本文には書かれていますが、「前例のない」という記述はないため×です。

問3 解答 退任するドイツの国防相が、その（欧州委員会の）次期委員長となる（予定だ）。

is to という「be to 構文」がポイントです。be to の形は「予定・意図・義務・可能・運命」の5つの意味があるとされていますが、核となる意味は「〜することになっている」です。to は「未来志向」を表すので「これから」、is は単なる状態「である」と考えれば、そのまま訳しているだけだとわかりますね。そして今回の英文でも「次期委員長となる」とすれば十分ですね。outgoing は「外に出ていく」→「退任する」という意味です（次ページで詳述します）。

ここがカクシン！

注目される女性リーダー

2019年に開かれた欧州議会本会議で、フォン・デア・ライエン氏を委員長に据える議案は、賛成383票、反対327票という結果で承認され、その後、フォン・デア・ライエン氏の率いる新欧州委員会が誕生しました（任期は2024年10月31日までの約5年間）。女性委員長という特徴に加えて、委員会の中での女性の数が過去最多でもあります（27人中、委員長を含めた12人が女性）。

　ちなみに欧州委員会はニュースにもよく登場します。最近では、新型コロナウイルス治療薬であるレムデシビルの購入、アップル社がEU競争法に違反していないかを巡る調査などのニュースで登場しました。

　「ジェンダー」「女性リーダー」などの話題は、世の中で注目を集めているだけに、入試でも重要となります（強化編③でもこのテーマを扱います）。特に最新の大学入試では、単に「男女差別はいけないよ」というだけの内容はほとんど出題されません。実際に出ているのは、「差別することがいかに社会のマイナスになるか」「男女の違いは具体的に何なのか」「女性の社会貢献・実績」などを具体的に語る英文です。

語句について

1文目の進行形（is getting）は「予定を表す用法」です。進行形は「〜している途中」という意味なので、「すでに何らかの手をつけている予定」を表すことができます。

　問3で問われたoutgoingは、an outgoing personなど「外交的な、社交的な」という意味が有名ですが、今回は「退任する」という意味で使われています。outgoingは「外に（out）行く（going）」→「今就いている職の外に行く」→「退任する」となりました。早稲田大（2018年）の長文問題でも、France's outgoing president「フランスの退任する大統領」と使われていました。

　最終文のNowは、「さて、ところで」という意味です。相手の注意を引いたり、話題の転換をしたりする場合に使われます。

　本文最後のby just nine votes「わずか9票差で」とは、議会の承認に必要な、投票時の

議会の過半数374との差を表しています。このbyは「差」を表す用法です。

🔔 入試に出た！

ライエン氏は英国のEU離脱や移民問題など難しい問題のかじ取りを迫られている

慶應大（2020年）では「女性排除に反対するフェミニスト」の英文が出題されました。また、学習院大（2020年）では「女性が受けるハラスメント」の英文、青山学院大（2019年）では「女性が意見を表明する場面」についての英文が出ました。

　また、今回の記事にもある「EU議会」の話題が出た例としては、2019年の筑波大学、静岡大学、立教大学などの長文問題が挙げられます。

10 大気汚染／Air Pollution

工場や自動車などから汚染物質が排出されることによって発生する大気汚染も、なかなか収束が見通せない環境問題の１つだ。誰もが知るあの世界遺産が大気汚染により危機に瀕しているというニュース。

リスニング対策は音声→問題へ ≫ アメリカ英語｜ゆっくり イギリス英語｜ナチュラル

「大気汚染」に関するボキャブラリー (30) ▶ 実力を試したい方は先に問題を

HOT	**authorities** [əθɔ́ːrətìz]	当局
HOT	**take measures to do** [méʒərz]	〜するための対策を講じる、措置を取る
	protect A from B [prətékt]	AをBから保護する、守る
	Seven Wonders of the World [wʌ́ndər]	《the 〜》世界七不思議
	pollution [pəlúːʃən]	汚染、公害
HOT	**polluted** [pəlúːtəd]	汚染された
	polluter [pəlúːtər]	汚染源
	air purifier [pjúərifàiər]	空気清浄機

UP	**deploy** [diplɔ́i]	～を配備する、設置する
	cleanse [klénz]	～を浄化する、清掃する
UP	**historic** [histɔ́:rik]	歴史的な
UP	**monument** [má:njumənt]	（歴史的な）建造物、遺跡
HOT	**due to** [dú:]	～が原因で
UP	**unbearable** [ʌ̀nbéərəbəl]	耐え難い
	smog [smá:g]	スモッグ、煙霧
	landmark [lǽndmà:rk]	（国や地域などの）名所、目印
HOT	**be located in** [lóukèitəd]	（特定の場所に）位置する
HOT	**emission** [imíʃən]	排出、排出物、排出量
NEW	**respiratory illness** [réspərətɔ̀:ri]	呼吸器疾患
HOT	**acid rain** [ǽsid]	酸性雨

「大気汚染」に関するCNNリポートに挑戦！

▌Read this news report and answer the questions below.

Indian authorities are taking measures to protect one of the Seven Wonders of the World from high levels of pollution. Air purifiers have been deployed to cleanse the historic Taj Mahal. <u>The monument has been turning yellow, due to the unbearable amount of smog.</u> The historic landmark is located in Agra, one of the world's most polluted cities. >>> 58 words

---

問1 **What were Indian authorities trying to protect?**

(A) One of the world's most polluted cities

(B) A historic landmark

(C) The city of Agra

(D) The Seven Wonders of the World

問2 **How were they trying to do that?**

(A) By using air purifiers

(B) By building walls

(C) By employing more staff

(D) By scrubbing with cleansers

*scrub: ごしごしこする、こすり洗いする／ cleanser: 洗剤

問3 **Translate the underlined part into Japanese.**

和訳

インド当局は、深刻なレベルの大気汚染から「世界七不思議」の1つを保護するための対策を講じている。歴史あるタージ・マハル（付近の空気）を浄化するため、空気清浄機が配備された。その建造物は耐え難い量のスモッグが原因で、黄色く変色してきている。この歴史的な名所は、世界で最も汚染がひどい都市の1つ、アグラにある。

解答と解説

問1 設問訳 インド当局は何を守ろうとしていましたか？

選択肢 × **(A)** 世界で最も汚染された都市の1つ

○ **(B)** 歴史的な名所

× **(C)** アグラという都市

× **(D)** 世界七不思議

1文目Indian authorities are taking measures to protect <u>one of the Seven Wonders of the World...</u> とあり、その後Taj Mahal の浄化の話が続いているため、選択肢Bが正解です（take measures to [原形]「〜するための対策を講じる」）。2文目のthe historic Taj Mahalは、3文目でThe monument、4文目でThe historic landmark と言い換えられています。ちなみに、本文には<u>one</u> of the Seven Wonders of the World「『世界七不思議』の1つ」とあり、7箇所すべてを守ろうとしているとは言っていないため、選択肢Dは×です。

問2 設問訳 当局はどのようにそれ（タージ・マハルの保護）を行おうとしていましたか？

選択肢 ○ **(A)** 空気清浄機を使うことによって

× **(B)** 壁を建設することによって

× **(C)** より多くの職員を雇うことによって

× **(D)** 洗剤でこすり洗いすることによって

2文目 <u>Air purifiers</u> have been deployed to cleanse the historic Taj Mahal. とあります。本文のdeploy「〜を配備する」が、設問ではuseに言い換えられています。

問3 解答 その建造物は耐え難い量のスモッグが原因で、黄色く変色してきている。

has been turningは現在完了進行形「ずっと〜している」で、「黄色になってきている」という変化の過程を表しています。due to「〜が原因で」は重要な因果表現です。受験生なら文字で見てわかる人は多いですが、リスニングでも聞き取れるようにしておきましょう（意外と聞き取りにくい）。

また、bear「耐える」に-able（「可能・受動」を表す）がついた単語がbear<u>able</u>「耐えられる」で、さらにそれに否定のunがついて、<u>un</u>bearable「耐えられ<u>ない</u>」となりました。unbearable amount of「耐え難い量の」です。

ここがカクシン！

▶ 大気汚染は中国だけじゃない

日本のニュースでは「中国での大気汚染」のニュースがよく取り上げられます（西日本にも影響が出るため）。しかし世界に目を向けると、インドでの大気汚染も深刻です。首都ニューデリーの大気汚染レベルは、中国（北京）の3倍以上とも言われ、首都から200キロ以上離れたタージ・マハルの大理石を変色させるまでに至っています。政府は建物付近に空気清浄機を設置、観光客の入場者数の制限、車の交通規制などを試みましたが、改善は見られませんでした。環境保護活動家たちは、政府が建造物を保護する専門的知識を持ち合わせていない、保護活動を怠っているなどと非難しています。

　ちなみに、タージ・マハルは、ムガル帝国第5代皇帝シャー・ジャハーンが、1631年に亡くなった妃ムムターズ・マハルのために建設した総大理石の墓廟です。1632年から約20年以上かけて建設され、1983年にユネスコの世界遺産に登録されました。

　1文目に登場したthe Seven Wonders of the Worldとは、厳密にはthe New Seven Wonders of the World「新・世界七不思議」のことで、2007年に新世界七不思議財団（New-7Wonders Foundation）の運営により企画されたものです。

▶ ビジネスでも重要な measure や locate など

1文目のmeasureは「対策」という重要な意味です。measureは「測定する」のイメージが強いのですが、「キチッと測って対策する」と覚えてください。そこから「測る」「対策」「手段」などの意味に広がったと考えるといいでしょう。今回のtake measures to 原形「〜するための対策を講じる」はよく使われるので、このままセットで押さえておくとライティングでも重宝します。

　最後の文にあるlandmarkは、最近は日本語でも「ランドマーク」という言葉が使われますが、本来は「陸にある（land）旅行者の目印（mark）となるもの」→「名所」という意味です。

　locateは本来「配置する」で、今回のように受動態be locatedの形でよく使われます。be located「配置される」→「ある」ということです。

　また、さらに発展的な意味で、「(配置した場所を)突き止める」→「探し出す」という意味もあります。ビジネスなどで、locate the file「そのファイルを探す(場所を突き止める)」と使われる(慶應大ではすでに出題されています)ので、こちらもチェックを。

💡 入試に出た！

2020年だけでも、「自動車による大気汚染」に関連する英文が、お茶の水女子大、関西大で出ています。「大気汚染と健康」については、京都産業大、星薬科大の英文で出ています。どの英文でも air pollution という語句が出てきます。

スモッグにより白い大理石の壁が変色してしまったタージ・マハル

　余談ですが、2020年の入試問題をチェックしていたところ、「光害(light pollution)」という概念に関して、東京都市大、芝浦工業大で「光害とは何か、どんな影響があるのか」といったテーマの英文が出題されています。光害とは「不要な光によるエネルギー浪費や生態系の混乱など、さまざまな害」を指すそうです。

11 英国のEU離脱／Brexit

2016年の国民投票でEUからの離脱を決定し世界に衝撃を与えた英国。その後EUとの離脱条件の交渉が難航し、2020年1月にようやく正式に離脱した。とはいえ、EUとの貿易関係や北アイルランドの国境管理問題など未だ課題は山積したままだ。

リスニング対策は音声→問題へ ≫ アメリカ英語｜ゆっくり イギリス英語｜ナチュラル

「英国のEU離脱」に関するボキャブラリー 33 ▶ 実力を試したい方は先に問題を

NEW	**to go** [góu]	〈時間・距離などが〉残って
	long-drawn-out [drɔːn]	延々と続く、だらだらと続く
UP	**bitter** [bítər]	つらい、苦い
UP	**divorce** [divɔ́ːrs]	分離、絶縁
	become a reality [riǽləti]	現実となる、実現する
	bid farewell to [féərwél]	～に別れを告げる
NEW	**vote overwhelmingly to do** [òuvərhwélmiŋli]	～することを圧倒的多数の賛成票をもって可決する
UP	**back** [bǽk]	～を支持する

exit [éɡzit]	退去、離脱
European Council [káunsəl]	《the ～》欧州理事会
give final approval to do [əprúːvəl]	～するための最終的な承認を与える
set the wheels in motion [hwíːlz]	一連の行為・作用を引き起こす
departure [dipάːrtʃər]	（組織からの）離脱
NEW **referendum** [rèfəréndəm]	国民投票、住民投票
UP **lawmaker** [lɔ́ːmeikər]	立法者、議員
UP **deal** [díːl]	合意、協定
HOT **immigrant** [ímiɡrənt]	移民、移住者
HOT **refugee** [rèfjudʒíː]	難民、避難民
HOT **free trade** [fríː trèid]	自由貿易
HOT **customs** [kʌ́stəmz]	関税

「英国のEU離脱」に関するCNNリポートに挑戦！

▌ Read this news report and answer the questions below.

Just one day to go before a long-drawn-out, bitter divorce becomes a reality. There were tears, cheers and song as the European Union bid farewell to Britain. <u>The EU Parliament on Wednesday voted overwhelmingly to back Britain's exit plan, or Brexit.</u> The European Council gives final approval today to set the wheels in motion for Friday's departure.

>>> **57 words**

問1　**When did Britain leave or plan to leave the EU?**

(A) One day before this news report

(B) On the day of this news report

(C) On the Wednesday before this news report

(D) On the Friday after this news report

問2　**What body was scheduled to give the final approval for Brexit?**

(A) The European Council

(B) The British Parliament

(C) The EU Parliament

(D) The Brexit Committee

問3　**Translate the underlined part into Japanese.**

▌和訳

長きにわたったつらい離縁が現実になるまで、残りわずか1日となった。欧州連合がイギリスに別れを告げるにあたって、涙あり、喝采あり、そして歌もあった。EU議会は水曜日、イギリスの離脱計画、すなわちブレグジットを支持することを圧倒的多数で可決した。金曜日の離脱に向けて、欧州理事会は本日、事を実行に移すための最終承認を与えることになっている。

▌解答と解説

問1 設問訳 イギリスはEUをいつ離脱しましたか、またはいつ離脱する予定でしたか？
 選択肢 × （A）この報道の1日前
　　　　 × （B）この報道の日
　　　　 × （C）この報道の前の水曜日
　　　　 ○ （D）この報道の次の金曜日

最後の文の後半 set the wheels in motion for Friday's departure「金曜日の離脱に向けて、事を実行に移す」とあります。set the wheels in motion は、直訳「車輪 (the wheels) を動いている状態 (in motion) にセットする (set)」→「事を実行に移す」となりました。

問2 設問訳 どの団体がブレグジットの最終承認を与えることになっていましたか？
 選択肢 ○ （A）欧州理事会
　　　　 × （B）イギリス議会
　　　　 × （C）EU議会
　　　　 × （D）ブレグジット委員会

最後の文の前半 The European Council gives final approval today「欧州理事会は本日、最終承認を与えることになっている」とあります。この文では「未来の予定」に対して現在形 gives が使われています。このように確実性が高い「公的なスケジュール」などには、現在形が使われます。ちなみに、設問文の body は「体」ではなく「団体」という意味です。

問3 解答 EU議会は水曜日、イギリスの離脱計画、すなわちブレグジットを支持することを圧倒的多数で可決した。

vote overwhelmingly to 原形「～することを圧倒的多数で可決する」がポイントです。vote for「～に賛成の票を入れる」は受験生にとってはおなじみの表現ですが、なぜか vote to 原形「～することを投票で決める」はあまり教わらないようです。その間に overwhelmingly「圧倒的に」が入り込んだこの形は、ニュースではよく出てきます。また、当然この to 直後の back は（副詞ではなく）動詞「～を支持する」です。最後の or は「換言」の役割で、「すなわち」と訳出します。

ここがカクシン！

❯ ついにEUを離脱

イギリスは2020年に正式にEUを離脱しました。離脱後も移行期間を設け、その間にイギリスはEUと通商関係等について議論を進めています。1文目a long-drawn-out「長きにわたった」とあるように、イギリスのEU離脱は2016年の国民投票 (referendum) での決定以後、何度も先延ばしされた末に、ようやく実現しました。

Brexitとは、British「イギリスの」とexit「退去、離脱」の混成語で、「イギリスが欧州連合 (EU) から離脱すること」を指します。ちなみに、EU離脱反対派から、Brexitとregret「後悔」を混ぜたBregretという言葉も生まれたそうです。

Brexitは歴史に残る出来事ですから、当然知っておかないといけません。入試問題のテーマになることもありますが、英文の中で「当然知ってるよね」と言わんばかりに登場することもよくあります。

また「もう離脱が済んだから」と思って注目しない受験生も多いと思いますが、大学入試では終わったことを受験生に考えさせることはよくあります。たとえば「18歳以上への選挙権年齢の引き下げ」についても、「その後どう思うか？」を問う自由英作文は何度も出題されました。それを踏まえて必ずチェックしておきたい内容です。

❯ ニュースで多用される語句

1文目Just one day to go before a long-drawn-out, bitter divorce becomes a reality. とあります。[時間] to go beforeは、直訳「〜する前の (before) 進むべき[時間]（[時間] to go)」→「〜まであと[時間]」という表現です。

ちなみに、2文目There were tears, cheers and songとあるのは、EU議会でイギリスのEU離脱が可決された後、EU議員らがスコットランド民謡のAuld Lang Syne [ɔːld læŋ záin]（「蛍の光」の原曲）を歌ったことを指しています。

3文目ではvote to [原形]「〜することを投票で決める」という形が登場しました。イメージとしてはdecide to [原形]「〜することを決める」のdecideがvoteに変わることによって、decide to [原形] に「投票」の意味が加わったと考えればいいでしょう。

また、vote for「〜に賛成の票を入れる」の形も頻出です（forは「賛成」）。反対の意味のvote against「〜に反対の票を入れる」とセットで押さえておきましょう。

🔔 入試に出た！

早稲田大では2018年のAO入試でBrexitに関する長文が、2020年の一般入試で「Brexitの定義」に関する英文が出題されました。また、前ページでも触れましたが、テーマにならずとも、英文の中でさらっと出てくる出題例はたくさんあります。

最後の出席となったEU議会で「Auld Lang Syne」を歌う英国代表議員

12 海面上昇／Rising Sea Levels

地球温暖化による海面上昇が叫ばれて久しいが、遠く離れた南の島国が沈む問題だと思ってはいないだろうか。近年毎年のように甚大な水害に見舞われている日本に暮らすわれわれにとっても人ごとではない。

リスニング対策は音声→問題へ　≫　アメリカ英語 | ゆっくり 　アメリカ英語 | ナチュラル

「海面上昇」に関するボキャブラリー　 ▶ 実力を試したい方は先に問題を

HOT	sea level [síː lèvl]	海面、海水位
	coastal area [kóustəl]	沿岸部
UP	be submerged [səbmə́ːrdʒd]	水浸しになる、水没する
	rising [ráiziŋ]	上昇する、上昇中の
	seawater [síːwɔ̀ːtər]	海水
HOT	estimate [éstimət]	見積もり、概算
	findings [fáindiŋz]	調査結果、研究の成果
	find that [fáind]	～であると結論づける

be based on [béist]	～に基づく	
vulnerable [vʌ́lnərəbəl]	被害を受けやすい	
that is [ðǽt]	すなわち、つまり	
warning on [wɔ́:rniŋ]	～に関する警告	
event [ivént]	出来事、事象	
amid [əmíd]	～の真っただ中で、～の渦中に	
subsidence [səbsáidəns]	（地盤の）沈下	
polar ice cap [póulər]	極冠、極氷冠	
glacier [gléiʃər]	氷河	
flooding [flʌ́diŋ]	洪水、水害	
storm surge [sɔ́:rdʒ]	高潮（たかしお）	
flee [flíː]	逃れる、避難する	

「海面上昇」に関する CNN リポートに挑戦！

▌ Read this news report and answer the questions below.

New research warns that 150 million people living in coastal areas around the world could be submerged by rising seawaters in the next 30 years. That is a major increase from previous estimates. The findings come from Climate Central. <u>Their report, based on new data, finds more than 70 percent of people living in vulnerable areas are in eight Asian countries, that is, China, Bangladesh, India, Vietnam, Indonesia, Thailand, the Philippines and Japan.</u>

>>> **73 words**

問1 **According to this research, how many people live in places that might be under seawater 30 years from now?**

(A) 30 million

(B) 50 million

(C) 70 million

(D) 150 million

問2 **What is true about the number of affected people in this new prediction?**

(A) It refers only to people in Asia.

(B) It is much higher than in previous predictions.

(C) It is limited to people in eight countries.

(D) All of the above

問3 **Translate the underlined part into Japanese.**

▌和訳

今後30年で、世界各地の沿岸部に暮らす1億5000万人（の居住地）が海面上昇により水浸しになる可能性があると新たな調査結果が警告している。これはこれまでの予測をはるかに上回る推定値だ。この調査結果はクライメート・セントラルによるもの。最新データに基づく同機関の報告書の結論によると、（全世界で、海面上昇による）被害を受けやすい地域に住む人々の70％以上がアジア8カ国に居住している。その8カ国とはすなわち、中国、バングラデシュ、インド、ベトナム、インドネシア、タイ、フィリピン、そして日本である。

▌解答と解説

問1 設問訳 この調査によると、どれくらいの人々が、今から30年後には海面下にあるかもしれない場所に住んでいますか？

選択肢 × （A）3000万人
× （B）5000万人
× （C）7000万人
○ （D）1億5000万人

1文目に <u>150 million people</u> living in coastal areas around the world could be submerged by rising seawaters in the next 30 years とあります（be submerged「水浸しになる、水没する」）。150 million people（＝S）could be submerged（＝V）の間に、living…the world という分詞のカタマリが入り込み、150 million people を修飾しています。当然ながら、実際に「水浸しになる」のは people ではなく the costal areas です。

問2 設問訳 この最新の予測において、被害を受ける人数について当てはまるものは何ですか？

選択肢 × （A）アジアの人々のみに言及している。
○ （B）これまでの予測をはるかに上回っている。
× （C）8カ国の人々に限定されている。
× （D）上記全て

2文目に That is a major increase from previous estimates. とあります。本文の estimates が選択肢では predictions に言い換えられています。ちなみに、選択肢Aは「アジアの人々<u>のみ</u>」としていますが、4文目には more than 70 percent of people…are in eight Asian countries「70％以上の人々が…アジア8カ国に居住している」とあります。このように、「〜だけ」などの言い過ぎ表現（only や solely など）が含まれている選択肢は間違いになる可能性が高いので、その部分を中心にしっかり照合するといいでしょう。

問3 解答 最新データに基づく同機関の報告書の結論によると、被害を受けやすい地域に住む人々の70％以上がアジア8カ国に居住している。

全体は 報告書 find [that] SV「 報告書 によると SV と結論づけられている」（直訳は「 報告書 は〜だとわかる」）という形です。Their report の直後に分詞構文があること、接続詞 that が省略されていることを見抜く必要があります。based on new data は、前後にコンマがあり、（文を構成する上で）不必要な要素→分詞構文だと判断します。分詞構文は文脈に応じて適当・適切に訳せばいいのですが（参考書に書いてあるたくさんの訳語を暗記する必要などありません）、今回のように主語の直後に置かれた場合は、その主語を説明する用法だと知っておくのもいいでしょう。

あなたの
グローバル英語力を測定
新時代のオンラインテスト

CNN GLENTS

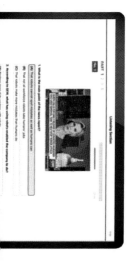

CNN GLENTS
ホームページはこちら

https://

ENGLISH EXPRESS

音声ダウンロード付き 毎月6日発売 B5判 定価1263円（税込）
※2023年11月号より、定価1375円（税込）に価格改定いたします。

これが世界標準の英語!!

CNNの生音声で学べる唯一の月刊誌

◇CNNのニュース、インタビューが聴ける

◇英語脳に切り替わる問題集付き

◇カリスマ講師・関正生の文法解説や

◇人気通訳者・橋本美穂などの豪華連載も

◇スマホやパソコンで音声らくらくダウンロード

定期購読をお申し込みの方には本誌1号分無料ほか、
特典多数！

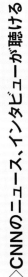

TOEIC 500点台でも800点台でも英語が聴き取れる！

CNN ENGLISH EXPRESS

9 September 2023

生成AIは
何をもたらすか？

世界に新語を
フリカ

史上最大のスタジアムを発行
ミッションMAXのスタジアム

トム・クルーズ

初級者からのCNN ニュース・リスニング

CNN Student News 2023[春夏]

動画音声付き（オンライン提供）

音声アプリ＋動画で、
どんどん聞き取れる！

- レベル別に3種類の
  速度の音声を収録
- ニュース動画を字幕
  あり/なしで視聴できる

MP3・電子書籍版・
動画付き[オンライン提供]
A5判 定価1320円（税込）

1本30秒だから、聞きやすい！

CNN ニュース・リスニング 2023[春夏]

電子書籍版付き（ダウンロード方式で提供）

[30秒×3回聞き]方式で
世界標準の英語がだれでも聞き取れる！

- テイラー・スウィフトが
  長編映画の監督に
- まるでゾンビ!? クモの
  死体を「動くロボット」化

MP3・電子書籍版付き
（ダウンロード方式）
A5判 定価1100円（税込）

CNN GLENTSとは

GLENTSとは、Global English Testing Systemという名の通り、世界標準の英語力を測るシステムです。リアルな英語を聞き取るリスニングセクション、海外の話題を読み取る

リーディングセクション、異文化を理解するのに必要な知識を問う国際教養セクションから構成される、世界に通じる「ホンモノ」の英語力を測定するためのテストです。

CNN GLENTSの特長

■作られた英語ではなく生の英語ニュースが素材

リスニング問題、リーディング問題、いずれも世界最大のニュース専門放送局CNNの英語ニュースから出題。実際のニュース映像を使った「動画視聴問題」も導入しています。

■場所を選ばず受験できるオンライン方式

コンピューターやスマートフォン、タブレットなどの端末とインターネット接続があれば、好きな場所で受けられます。

■自動採点で結果をすぐに表示 国際指標CEFRにも対応

テスト終了後、自動採点ですぐに結果がわかります。国際的な評価基準であるCEFRとの対照レベルやTOEIC®︎Listening & Reading Testの予測スコアも表示されます。

■コミュニケーションに必要な社会・文化知識にも配慮

独自のセクションとして設けた「国際教養セクション」では、

世界で活躍する人材に求められる異文化理解力を測ります。

■試験時間は約70分、受験料は3,960円（税込）です。

お問い合わせ先

株式会社 朝日出版社　「CNN GLENTS」事務局
TEL: 0120-181-202　E-MAIL: glents_support@asahipress.com
（平日午前10時～午後6時）

ここがカクシン！

30年も出続けているテーマ

地球温暖化により世界各地で多くの被害が発生していますが、その中でも今回のテーマである「海面上昇」は深刻な問題となっています。NPOクライメート・セントラルの予測によれば、2050年までに、1億5000万人が住む地域が満潮時に水没し、3億人が毎年洪水の被害に遭う可能性があるということです。しかも、これは「パリ協定」で定められていた温室効果ガス削減目標が達成されていることを前提とした「楽観的な」予測です。被害が予測されるアジア諸国などに対し、同機関は経済的・人的被害を防ぐための緊急対策を講じる必要性を訴えています。

　海面上昇の原因としては、氷河などが解けて海水の量が増加することや、水温が高まって、海水の体積が膨張することが挙げられます。ボクが受験生だったころの入試の頻出テーマがこの「温暖化による海面上昇」でしたが、あれから約30年経った今、ますます危機感が募り、改めてニュースで取り上げられる（その結果、入試でも採用される）頻度が増えていくと思います。

入試頻出語句ばかり

1文目後半にbe submerged「水浸しになる、水没する」が登場しました。近年頻発している、大雨による水害のニュースでも、この表現が使われます。

　また、今回の英文ではwarn that SVの形が使われています。アメリカ英語での用法ですが、受験生はこの形は覚える必要はありません。入試に出るのは、warn 人 of／warn 人 that SV／warn 人 to 原形 という形です（3つともよく出ます）。ぜひ覚えておきましょう。

　下線部（4文目）のvulnerableは、本来「外部からの影響を受け、傷つきやすい」という意味です。be vulnerable to「〜に弱い」という形でもよく使われ、入試で頻繁に下線が引かれる表現です。国際基督教大（2019年）では、このbe vulnerable toの形でvulnerableが空所で抜かれ、同志社大（2019年）では、長文中のvulnerableに下線が引かれ、その類義語として選択肢のsensitiveが正解になりました。

💡 入試に出た！

「地球温暖化」に関する英文は、2020年入試だけでも書き切れません。今回の英文と同じ「地球温暖化による海面上昇」に関する英文は大阪教育大で出ました。他には関西大、南山大、関西医科大

2100年には米フロリダ州マイアミ市が完全に水没するという予測も

（会話文問題で）、成城大などで地球温暖化についての英文が出ています。また、自由英作文のテーマとしても、埼玉大、岡山大、鹿児島大、滋賀県立大などで出題されています。さらに、「温暖化による生態系の変化」や「絶滅種」などもよく出題され、2020年だけで、東北学院大が「地球温暖化とイルカへの影響」、北里大が「温暖化による生物多様性の損失」などを出しています。

13 フェイクニュース／Fake News

「フェイクニュース」とは、個人・団体の信用失墜や、政治運動の妨害などを目的に作成され、特にネットでの情報拡散を企図された虚偽の記事を指す。近年では、AI技術を駆使した「ディープフェイク」と呼ばれる合成動画も登場し、社会の混乱を招いている。

リスニング対策は音声→問題へ 》》 アメリカ英語｜ゆっくり 南アフリカ英語｜ナチュラル

「フェイクニュース」に関するボキャブラリー ⟨39⟩ ▶ 実力を試したい方は先に問題を

fake [féik]		偽の、いんちきの
HOT **voter** [vóutər]		投票者、有権者
HOT **stand up for** [stǽnd]		～を支持する、擁護する
return...to power [ritə́:rn]		…を再び政権の座に就かせる
cruise to a comfortable victory [krú:z]		楽勝する
domestic [dəméstik]		国内の
fear over [fíər]		～に対する不安、憂慮
influence [ínfluəns]		影響力

dominate
[dá:minèit]
〜の重要な要素である、
〜に著しく影響する

presidential race
[prèzidénʃəl]
総統選挙戦、大統領選挙戦

opponent
[əpóunənt]
競争の相手

Beijing
[bèidʒíŋ]
中国政府

surge in
[sə́:rdʒ]
〜の急増

disinformation
[disìnfərméiʃən]
故意の誤報、デマ

come out of
[kʌ́m]
〜から出てくる

Chinese mainland
[méinlænd]
《the〜》中国本土

in the run-up to
[rʌ́nʌp]
〜の準備段階で、
〜を目前に控えて

reelect
[rìːilékt]
〜を再選する

intervene
[ìntərvíːn]
干渉する、介入する

cybercrime
[sáibərkràim]
サイバー犯罪、
インターネットを利用した犯罪

「フェイクニュース」に関する CNN リポートに挑戦！

▌ Read this news report and answer the questions below.

Taiwan's president is thanking voters for standing up for democracy and returning her to power. <u>She cruised to a comfortable victory over the weekend.</u> Domestic fears over Chinese influence dominated this presidential race. Her opponent was seen as too close to Beijing, and Taiwan's Central Election Commission reported a surge in fake news and disinformation coming out of the Chinese mainland in the run-up to this vote.

>>> 67 words

問1 **Who won the recent presidential election in Taiwan?**

(A) A candidate seen as too close to Beijing

(B) A new candidate

(C) The incumbent

(D) A candidate from the Chinese mainland

*incumbent: 現職者、在職者

問2 **What was an aspect of this election?**

(A) Fake news from the Chinese mainland

(B) The fear of influence from mainland China

(C) Concern about a candidate's relationship with the Chinese government

(D) All of the above

問3 **Translate the underlined part into Japanese.**

▎和訳

台湾総統は、民主主義を支持し、彼女を再び政権の座に就かせてくれたことについて有権者たちに感謝している。この週末に、彼女は危なげなく勝利した。中国の影響力に対する国内の懸念が今回の総統選挙戦の最大の争点だった。彼女の対抗馬は中国政府とあまりに近いと見なされていた。また、台湾の中央選挙委員会は、今回の選挙の投票の前段階における中国本土が発信源のフェイクニュースやデマの急増を報告した。

▎解答と解説

問1 **設問訳** 直近の台湾の総統選挙では、誰が勝利しましたか？

選択肢 × **(A)** 中国政府とあまりに近いと見なされている候補者

× **(B)** 新しい候補者

○ (C) 現職者

× **(D)** 中国本土からの候補者

1文目 Taiwan's president is thanking voters for...returning her to power. とあります。return 人 to power は、直訳「権力のある状態へ (to power) 人 を戻す (return 人)」→「 人 を再び政権の座に就かせる」となります。選択肢Cのincumbent「現職者」は、選挙関係のニュースでよく出てくる単語です。

問2 **設問訳** この選挙ではどのようなことがありましたか？

選択肢 × **(A)** 中国本土からのフェイクニュース

× **(B)** 中国本土からの影響に対する恐れ

× **(C)** 候補者の中国政府との関係に対する懸念

○ (D) 上記全て

最後の文の後半a surge in fake news and disinformation coming out of the Chinese mainlandが選択肢A、3文目Domestic fears over Chinese influenceが選択肢B、最終文前半Her opponent was seen as too close to Beijingが選択肢Cの内容に合致しています。本文のtoo close to Beijing「中国政府とあまりに近い」が、選択肢Cではrelationship with the Chinese government「中国政府との関係」に言い換えられています。

問3 **解答** この週末に、彼女は危なげなく勝利した。

cruiseの意味がわからなくても、She cruised to... という形に注目してください。これは第1文型 (SVM) で、英語において第1文型の場合、その動詞は「存在・移動」の意味になることが多くあります。ここからcruise to「〜に移動する、行きつく」くらいを予想して、「彼女は大差の勝利へ行きついた」→「彼女は大差で勝利した」と推測したいところです。

a comfortable victory「大差の勝利」はセットで押さえておきましょう。comfortableは「快適な、居心地のよい」という意味が有名ですが、ここでは「当選者にとって快適な」→「大差の」となります。

ここがカクシン！

▶ 超難関大で要注意のテーマ

中国による選挙介入と見られる動きはオーストラリアなどでも報告されており、外国からの政治献金を禁止するなどの法整備を進める動きが各国で広がっています。台湾はアメリカと連携し、中国によるサイバー攻撃に対する防衛演習を行っています。

2016年のアメリカ大統領選挙においても、トランプ大統領がロシアの関与を認めましたし、2020年の大統領選においても、中国やロシアが選挙介入を試みているという情報もあります。

選挙介入の具体的な手段としては、サイバー攻撃で候補者の情報を盗むこと、SNSで偽の情報を発信すること、開票・集計結果を改ざんすることなどがあります。

▶ 受験勉強での知識はフル活用できる

この記事を取り上げた理由は2つあり、1つは「フェイクニュース」などの話が2021年以降の入試に出始めるだろうということ。もう1つは、こういった受験生が普段触れる機会の少ない話題でも、受験勉強で培った英語力が十分に活用できることを証明することです。

例えば、1文目ではthank 人 for「〜で 人 に感謝する」の形をしっかり意識することが大事です。ちなみに、これはvotersとforがくっついているからといってvote for「〜に賛成の票を入れる」と解釈しないでください。この形は、praise 人 for「〜で 人 を褒める」、blame 人 for「〜で 人 を責める」、punish 人 for「〜で 人 を罰する」などと同じ「thank型の動詞」として押さえておきましょう。

thank型の動詞　基本形：thank 人 for 「〜のことで 人 に感謝する」

① thank 人 for「〜で 人 に感謝する」

② admire 人 for ／ praise 人 for「〜で 人 を褒める」

③ be grateful to 人 for「〜で 人 に感謝している」

④ apologize to 人 for「〜で 人 に謝る」

⑤ blame 人 for「〜で 人 を責める」

⑥ punish 人 for「〜で 人 を罰する」

⑦ fine 人 for「〜で 人 に罰金を科す」

⑧ mock 人 for「〜で 人 をからかう」

また、最終文のa surge in「〜の急増」もぜひ注目してほしい表現です。surgeは「うねるようにググッと上がってくる」イメージで、そこから「急に上がる、急増」となります。最近では上智大 (2018年)、学習院大 (2019年)、東京外国語大 (2017年)、横浜国立大 (2019年) の長文問題で、a surge inの形がそのまま登場しています。

💡 入試に出た！

2020年だけでも、関西大、専修大で「女性の選挙権」についての英文が、青山学院大で「アメリカ大統領選挙で、真実だけを話す候補者は落選する」という内容の英文が出ています。熊本大でも「若者の選挙への無関心」についての長文と、それに

左の人物の動きを右の人工的に作成された人物の映像に反映させる研究の様子。この技術がディープフェイク動画として悪用されることも

続いて、「若者の投票率 (teenage voter turnout) を上げる方法」を論じる自由英作文を出しています。同じテーマの自由英作文は、島根県立大も出題しています。

　また、「フェイクニュース」についても、専修大と名古屋学院大で「真実よりもフェイクニュースのほうが速く広まる」という内容が出ています。新潟大では「フェイクニュースが信じられる理由」という英文を出題しています。

14 同性婚／Same-Sex Marriage

一般に保守的とされるカトリック教徒の多い国も含め、ヨーロッパで法整備が進む同性婚。一方、伝統的家族観が色濃く残るアジア諸国は後れを取っている。日本でも一部の地方自治体がパートナーシップ制度を導入しているものの、同性婚は法的には認められていない。

リスニング対策は音声→問題へ　≫　アメリカ英語｜ゆっくり 　イギリス英語｜ナチュラル

「同性婚」に関するボキャブラリー ▶実力を試したい方は先に問題を

same-sex [séimsèks]	同性の、同性間の
get married [mǽrid]	結婚する
gay [géi]	同性愛者の
legally [líːgəli]	法的に
wed [wéd]	①〜と結婚する ②〜を結婚させる
groundbreaking [gráundbrèikiŋ]	画期的な
marriage-equality bill [mǽridʒikwáləti]	婚姻の平等を認める法案
be in effect [ifékt]	〈法律などが〉施行されている、有効である

HOT 🔥	**pass** [pǽs]	（法案を）通過させる、可決する
	activist [ǽktəvist]	活動家
	spark change [spá:rk]	変化を引き起こす
	whole [hóul]	《the 〜》全体の、全〜
	continent [ká:ntənənt]	大陸
	roll back [róul]	〜を後退させる
NEW ✨	**LGBTQ** [el dʒi: bi: ti: kjú:]	レズビアン、ゲイ、バイセクシャル、トランスジェンダー、クイアの人々
UP ⚡	**queer** [kwíər]	①ジェンダーにとらわれない ②同性愛の ③奇妙な、風変わりな
HOT 🔥	**spouse** [spáus]	配偶者
	progressive [prəgrésiv]	進歩的な、進歩主義の
	advocacy [ǽdvəkəsi]	支援運動
HOT 🔥	**endorse** [endɔ́:rs]	〜を承認する

「同性婚」に関する CNN リポートに挑戦！

▌Read this news report and answer the questions below.

It's a historic day in Taiwan, because same-sex couples there can now get married. This is one of the first gay couples—that you're going to be looking at now—in all of Asia to be legally wed. <u>Taiwan's groundbreaking marriage-equality bill is now in effect, a week after it was passed.</u> Activists hope it will spark change across the whole continent, though some countries are rolling back LGBTQ rights.

>>> 70 words

問1 **What is groundbreaking about Taiwan's new marriage-equality law?**

(A) It is the only marriage-equality law in the world.

(B) It only took one week for the bill to be passed.

(C) It is the result of a change that spread across the whole of Asia.

(D) It is the first same-sex marriage law in Asia.

問2 **When did the bill go into effect?**

(A) On the day of this news broadcast

(B) About a year after it was passed

(C) A week before Asia's first legal gay weddings

(D) The information is not provided.

問3 **Translate the underlined part into Japanese.**

▌和訳

今日は台湾では歴史的な一日だ、なぜなら今や同地では、同性カップルが結婚できるようになったからだ。こちらは初の同性カップルのうちの1組で——これからご覧いただくが——アジア全土において（初めて）法的に婚姻関係を結ぶことになる。台湾の画期的な婚姻平等法が可決されて1週間経ち、現在施行されている。一部の国ではLGBTQの権利を後退させている一方で、活動家たちは、これが（アジア）大陸全土に変化をもたらしてくれることを望んでいる。

▌解答と解説

問1 設問訳 **台湾の新しい婚姻平等法が画期的なのは、どういった点ですか？**

選択肢 × **(A)** 世界で唯一の婚姻平等法である。

× **(B)** 法案の可決に一週間しかかからなかった。

× **(C)** アジア全土に広まった変化の結果である。

○ **(D)** アジアにおける初の同性婚を認める法律である。

2文目 This is one of the first gay couples...in all of Asia to be legally wed. 「こちらはアジア全土で初めて法的に婚姻関係を結ぶことになる…同性カップルのうちの1組です」から、この法律がアジア初の婚姻平等法であることがわかります。全体は the first 名詞 to 原形 「初めて〜する 名詞」の形で、間に that you're going to be looking at now という関係代名詞のカタマリが挿入されています。また、wed は過去分詞として使われています。

問2 設問訳 **法案はいつ施行されましたか？**

選択肢 ○ **(A)** このニュース報道の当日

× **(B)** 可決の約一年後

× **(C)** アジア初の同性婚の一週間前

× **(D)** 文中では述べられていない。

1行目 It's a historic day in Taiwan, ...「今日は台湾では歴史的な一日だ、…」もヒントになります。さらに、3文目 Taiwan's groundbreaking marriage-equality bill is now in effect, a week after it was passed. とあります。be in effect 「施行されている、有効である」も押さえておきましょう。

問3 解答 **台湾の画期的な婚姻平等法が可決されて1週間経ち、現在施行されている。**

be in effect 「施行されている、有効である」という熟語と、a week after it was passed がポイントです。it was passed 「それ（法案）が可決され」てからどのくらい経ったのかをハッキリさせるために、前から a week が修飾している形です。この a week は soon after 「〜のすぐ後」の soon と同じように、副詞として働いています。

ここがカクシン！

❯ gay marriage も「同性婚」を表す

LGBTQなどを耳にする機会は増えましたが、英語の授業や問題集で出合うことはなかなかないでしょう。しかし2019年に台湾がアジアで初めて同性婚を合法化したことなどによって、世界中で注目度が上がっています。台湾の発表では、その1年後（2020年5月）の時点で4000組以上の同性婚がなされたそうです。

　さらに、2020年7月、タイで同性カップルの結婚を事実上認める「市民パートナーシップ法案」が政府に承認されました。この法案が可決されれば、台湾に次いで、アジアで2番目に同性カップルが結婚する権利を認めることになります。

　こういった話題では、same-sex marriageだけでなく、gay marriage も「同性婚」を表すことも知っておかないといけません（gayは必ずしも「男性同士」に限らないわけです）。

❯ 注目のワード「クイア」

「ボキャブラリー」に登場するqueer「クイア」も、最近よく使われる言葉ですので、覚えておくとよいでしょう（LGBTQのQはquestioning「自分の性自認や恋愛対象が定まっておらず疑問を持っている」だとする場合もあります）。queerはもともと③の「奇妙な、風変わりな」という意味で同性愛者に対する差別的なニュアンスで用いられていましたが、その差別的なニュアンスを逆手にとって、解放運動の中で同性愛者自身が使うようになり、①「ジェンダーにとらわれない」や②「同性愛の」の意味が加わっていったという歴史があります。

❯ 世間は「同性婚を認める」流れだが……

G7の中で唯一日本だけ、同性婚を認める法律やそれに準じる制度がないため、全国で約20の地方自治体が、独自のパートナー制度を取り入れるなどしています。ちなみに、KDDI株式会社は、同性パートナーの子どもを異性婚の場合と同様に「家族」として扱う「ファミリーシップ申請」を開始しました。

　こういった話になると、「本人たちの意思を尊重すべきだ」という意見が学校で重宝さ

れるのは誰もが知っていると思います。しかし実際の動きは必ずしもそうとは限りません。例えば、イスラム教国であるブルネイでは同性愛行為で死刑（現在は適用猶予中）という、世の流れとは真逆の動きもあるということを知っておくことで、他の受験生とは比べものにならないほど広い視野を持つことができます（余談ですが、ブルネイという国は、シンガポールから飛行機で2時間で着く、非常に穏やかな国で、人も優しかったというのがボクの印象です）。

🔆 入試に出た！

「はじめに」にも書きましたが、「同性婚」をテーマにした長文が慶應大（2016年）で出ています。また、早稲田大（2017年）では「同性婚の合法化」について意見を問う自由英作文が出ました。さらに

婚姻平等法の施行を受けて、台湾で結婚式を挙げる女性同士のカップル

「同性婚を認める婚姻平等法」という内容が（文法問題ですが）、上智大（2018年）で出ています。

　同性婚ではありませんが、関連したもので、群馬大（2020年）では「性的マイノリティーへの配慮」に関する英文、東京農工大（2020年）では「LGBTQコミュニティーに属する人へのインタビュー」が出ました。

15 中絶／Abortion

世界では妊娠中絶の禁止法を撤廃する国々が増える一方で、アメリカでは保守的な南部の州を中心に反対の動きが根強い。望まない妊娠であっても女性に出産を強いることになる新法に、女性の人権を擁護する人々を中心に抗議活動が続いている。

リスニング対策は音声→問題へ >> アメリカ英語｜ゆっくり 43 オーストラリア英語｜ナチュラル 44

「中絶」に関するボキャブラリー

45 ▶実力を試したい方は先に問題を

UP	**abortion** [əbɔ́ːrʃən]	妊娠中絶、堕胎
UP	**sign a bill into law** [bíl]	法案に署名し法律として成立させる
UP	**punish...with life in prison** [pʌ́niʃ]	…を終身刑に処する
UP	**perform** [pərfɔ́ːrm]	（手術を）執り行う
HOT	**ban** [bǽn]	～を禁止する
HOT	**victim** [víktəm]	犠牲者、被害者
NEW	**incest** [ínsest]	近親相姦
	move [múːv]	措置

critic [krítik]		批評家
appalling [əpɔ́:liŋ]		ひどい
HOT 🔥 **advocate** [ǽdvəkət]		擁護者、支持者
UP ⤴ **challenge...in court** [tʃǽlənd3]		法廷で…に異議を唱える
Republican [ripʌ́blikən]		共和党員の
HOT 🔥 **legislation** [lèd3isléiʃən]		法律
UP ⤴ **testament to** [téstəmənt]		～に対する証拠、 ～を証明するもの
UP ⤴ **deeply held belief** [bilí:f]		深く根付いている信念
precious [préʃəs]		尊い、大切な
NEW ✦ **pro-life** [próulàif]		胎児の生命尊重の、 妊娠中絶反対の
NEW ✦ **overturn** [òuvərtə́:rn]		（決定・判決などを）覆す、 破棄する
NEW ✦ **outlaw** [áutlɔ̀:]		～を非合法化する、禁止する

「中絶」に関する CNN リポートに挑戦！

Read this news report and answer the questions below.

In Alabama, the governor has signed into law a bill that could punish doctors who perform abortions there with life in prison. The law bans abortions in almost all cases, even for victims of rape and incest. It is a move critics call an appalling attack on women's rights, and abortion-rights advocates promise to challenge it in court. Republican governor Kay Ivey says, "This legislation stands as a powerful testament to Alabamians' deeply held belief that every life is precious."   >>> 80 words

問1 **What punishment could Alabama doctors now face for performing abortions?**

(A) The death penalty

(B) Being banned from Alabama

(C) Life in prison

(D) They would not be punished.

問2 **Under the new law, who is able to have a legal abortion in Alabama?**

(A) Any woman

(B) Victims of rape

(C) Victims of incest

(D) Almost no one

問3 **Translate the underlined part into Japanese.**

▌和訳

アラバマ州で、知事が法案に署名し、同州で妊娠中絶手術を行った医師を終身刑に処することができる法律を成立させた。同法はほぼいかなる場合でも中絶を禁じている。レイプや近親相姦の被害者の場合でさえもだ。これは（新法を）批判する人たちが女性の権利へのひどい攻撃だと言っている措置であり、そして、中絶する権利の擁護者たちは法廷で同法に異議を申し立てることを誓っている。共和党員であるケイ・アイビー知事によれば、この法律は、あらゆる命は尊いとする、アラバマの人々に深く根差した信念の確たる証拠だという。

▌解答と解説

問1 設問訳 妊娠中絶手術を行うことで、現在アラバマの医師が受ける可能性のある刑罰は何ですか？

　選択肢 　× **(A)** 死刑

　　　　　× **(B)** アラバマ州外への追放

　　　　　○ **(C)** 終身刑

　　　　　× **(D)** 刑罰は受けない。

1文目the governor has signed into law a bill that could punish doctors who perform abortions there with life in prisonとあります。life in prison がポイントで、直訳「刑務所の中の (in prison) 人生・一生 (life)」→「終身刑」です。

問2 設問訳 新法の下で、合法的にアラバマ州で妊娠中絶手術を受けることができるのは誰ですか？

　選択肢 　× **(A)** 全ての女性

　　　　　× **(B)** レイプの被害者

　　　　　× **(C)** 近親相姦の被害者

　　　　　○ **(D)** 誰もいないに等しい

2文目The law bans abortions in almost all cases, even for victims of rape and incest. とあります。本文のin almost all cases「ほとんど全ての場合で（禁止されている）」が、選択肢ではAlmost no one「（手術を受けることができるのは）誰もいないに等しい」と言い換えられています。

問3 解答 州知事が法案に署名し、同州で妊娠中絶手術を行った医師を終身刑に処することができる法律を成立させた。

1文目の has signed into law a bill はもともと、sign a bill into law「法案に署名し法律を成立させる」で、a bill に関係代名詞がついて長くなったために、文末に移動した形です。sign a bill (into law) → sign (into law) a bill that could punish... ということです。punish は punish 人 for「〜で 人 を罰する」（「理由」のfor）で狙われることが多いですが、今回のように punish 人 with 刑 「人 を 刑 で罰する」の形もあります。

ここがカクシン！

💡 日本の常識は通用しない

日本では中絶手術が許されているので、それを当たり前と見なしてしまいがちですが、世界での動きはさまざまで、常に議論となっています。

　例えばアイルランドは、カトリック教徒が人口の8割を占めるといわれ、保守的な風土で知られています。中絶手術は原則禁止だったのですが、国民投票で中絶合法化の賛成票が6割を超えたというニュースがありました（2018年）。同国で1983年に成立した憲法修正第8条は、母体に生命の危機がない限り、胎児に異常があった場合やレイプの被害者でさえも中絶は認められていませんでした。2012年には、流産と診断されたヒンドゥー教徒のインド人女性が、カトリックの信条を理由に病院・医師から中絶手術を拒まれ、敗血症で死亡するという事件も起こりました。この事件を機に、国内で中絶禁止法への批判が高まり、賛成派の勝利に至ったとみられています。

💡「中絶合法化」は常に議論されている

今回取り上げたのは「中絶手術可能」だったものが「禁止」という流れのニュース（2019年4月放送）です。その後、この禁止の流れが覆り（2019年10月）、中絶を巡る政府や司法の判断は非常に流動的とも言えます。

　当然、異論もありますし、このような「答えがないテーマ」は超難関大ほど入試の英文に積極的に採用しています。

　2020年の動きでも、米連邦最高裁が人工妊娠中絶を規制するアメリカ南部ルイジアナ州法を違憲無効にしたり、ニュージーランドで妊娠中絶を犯罪ではなく医療行為として扱う法律が可決されたりというニュースがありました。

　また、アメリカ南部テネシー州の中絶禁止法に関しては、2020年7月に妊娠6週以降の妊娠中絶を禁止するテネシー州法が成立するも、成立から1時間足らずで連邦裁判事により一時差し止め命令が下されました。

❯ abortion の意味は？

いずれにせよ、この手の記事では abortion「妊娠中絶」などの単語を知らないと致命傷になるので、この記事を通してチェックしておきましょう。さらに、中絶の話に限らず議論の多い話題では必ず advocate「主張する人、支持者／主張する」という単語も出てきます。

　また、今回のニュースの最後の文で主張されていた、「命は何よりも大切」という考えが、被害に遭った女性よりも重視されることがある（そういった考えもある）と知っておくことも、視野を広げる上で大切です。

💡 入試に出た！

中絶禁止の流れに抗議するアラバマ州の若者たち

abortion という単語は、高知大（2020年）の文法問題で出ており、長文では、法政大（2019年）、浜松医科大（2019年）で出ています。しかしどちらも語句注に意味がついていました。浜松医科大は医学部での出題なので、注などなくても知っておくべきだと個人的には思います。実際、旭川医科大の医学部（2019年）でも abortion が出てきますが、語句注などありませんでした。今後、難関大では常識となるでしょう。

　また、妊娠関係の英文として、愛媛県立医療技術大（2020年）で「遺伝子診断」をテーマにした長文が出ました。

強化編

日本では娯楽目的のイメージが強い大麻（マリファナ）だが、米国の一部の州やカナダ、イギリス、韓国、タイなどでは緩和ケアを目的とした「医療大麻」の合法化が進んでいる。中でも米国では、大麻の有効成分を含む製品が広く展開され、誰でも気軽に購入できる現状にある。

リスニング対策は音声→問題へ ≫ アメリカ英語 | ゆっくり アメリカ英語 | ナチュラル

「医療大麻」に関するボキャブラリー　　48 ▶ 実力を試したい方は先に問題を

NEW	**medical marijuana** [mǽrəwáːnə]	医療用大麻、医療用マリファナ
	ingredient [ingríːdiənt]	成分、要素
NEW	**cannabis** [kǽnəbis]	大麻、マリファナ、カナビス
NEW	**ignite** [ignáit]	～に火を付ける、 ～の引き金となる
UP	**slim** [slím]	少ない、不十分な、乏しい
	a band of [bǽnd]	～の一団、集団
NEW	**craze** [kréiz]	熱、大流行、ブーム
HOT	**struggle with** [strʌ́gəl]	～に苦労する、奮闘する

-based
[béist]

…を基礎とする

empire
[émpaiər]

一大企業、企業帝国

be publicly traded
[tréidəd]

株が公に取引されている、
株式公開している

estimated
[éstimèitəd]

推定の、推計～

on the side
[sáid]

片手間に、副業として、
通常の仕事以外に

experiment with
[ikspérəmènt]

～を使って実験する

initially
[iníʃəli]

最初に、当初は

strain
[stréin]

品種、種類

have potential
[pəténʃəl]

将来性がある、見込みがある

seizure
[síːʒər]

発作、突然の発症

potentially fatal
[féitəl]

死に至りうる

catapult A into B
[kǽtəpʌlt]

急にAをBの状態にする

limelight [láimlàit]	《the～》注目の的、脚光
favored [féivərd]	支持される、好まれる、人気の
mint [mínt]	ミント菓子、ハッカ菓子
bath bombs [bá:θ]	（固形の）入浴剤
gummy [gʌ́mi]	（お菓子の）グミ
confusing [kənfjúːziŋ]	混乱させる、まぎらわしい
illegal [ilíːɡəl]	違法の、不法の
federally [fédərəli]	連邦法で、連邦政府によって
passage [pǽsidʒ]	（法案などの）可決、通過
technically [téknikəli]	厳密に言うと、法律上は
permit [pərmít]	①～を認める、許可する ②〈permit...to do〉…が ～することを許可する
crazy [kréizi]	どうかしている、ばかげた

retailer [ríːteilər]	小売店、小売業者	
recreational [rèkriéiʃənəl]	娯楽目的の	
side effect [sáid ifèkt]	（薬などの）副作用	
benefit [bénəfit]	便益、恩恵	
effective [iféktiv]	効果的な、効き目がある	
controlled substance [sʌ́bstəns]	規制物質、規制薬物	
painkiller [péinkilər]	鎮痛剤、痛み止め	
addict [ǽdikt]	中毒者、依存症の人	
addiction to [ədíkʃən]	〜への依存、中毒	
alleviate [əlíːvièit]	（苦痛などを）緩和する	
strict [stríkt]	厳しい、厳格な	
deregulation [dìːrègjəléiʃən]	規制緩和、自由化	

「医療大麻」に関する CNN リポートに挑戦！

▌ Read this news report and answer the questions below.

It's been more than six years since our first investigation into medical marijuana—since we first introduced you to an ingredient in the cannabis plant, cannabidiol, or CBD. Well, now, it's part of our daily dialogue, and it's ignited a multibillion-dollar industry.

From oils to tinctures[*1] to lotions to lattes, CBD is everywhere. We know it won't get you high, but we still don't know much more. Research is slim.

We should start this journey right where our first weed[*2] investigation began, back in 2013, with this family of pioneers, a band of brothers, who, many think, are responsible for starting a CBD craze. These are the Stanley brothers.

When we first introduced you to them back in 2013, they were young, unknown and struggling with a new business. Their CBD-based cannabis company is now a marijuana empire, publicly traded and worth an estimated $2 billion.

Back then, they were growing 600 pounds of medical marijuana a year on less than an acre, betting the farm on[*3] THC[*4] and, on the side, experimenting with something few had considered.

"There's nothing like this in the world. This plant's 21 percent CBD and less than 1 percent THC." (Josh Stanley, in 2013)

Initially, many wondered who would want a strain of marijuana that doesn't get you high. But Josh and his brothers knew even then that this had potential, something the world would soon learn from a little girl named Charlotte.

Born with a rare form of epilepsy[*5] called Dravet syndrome,[*6] Charlotte had a seizure every 30 minutes, every one potentially fatal. When nothing helped, her parents gave Charlotte the Stanleys' CBD oil.

"She didn't have a seizure that day, and then she didn't have one the next day and then the next day. I just thought, 'This is insane.'"*7 (Paige Figi, Charlotte's mother, in 2013)

That was six years ago.

"That, I think, really catapulted CBD into the...the national limelight as the most favored cannabinoid."*8 (Dr. Donald Abrams, cannabis researcher)

A recent poll shows that two out of three Americans now know what CBD is and one out of seven use it.

Mints, lotions, oils, bath bombs, gummies, popcorn... This is where it gets a little confusing. For decades, cannabis, including CBD, has been illegal federally. That all seemed to change with the passage of the 2018 Farm Bill, which technically made growing hemp*9 with CBD and less than 0.3 percent THC legal—or at least, that's what most people think.

"Even though it makes CBD federally legal, it allows the states to decide whether or not they're...they're going to permit sales of it or permit farmers to grow it. So it...in my opinion, it's very confusing. What's even crazier is that lots of retailers sell it anyway. So you might walk into a store and just think, 'Oh, it must be legal, 'cause*10 it's here.'" (Lisa Gill, Consumer Reports)

The US CBD market hit an estimated $591 million in 2018. And experts believe it could hit $22 billion by 2022—all because of those seven brothers and that one little girl.

>>> 514 words

(注) *1 tincture：チンキ、チンキ剤　▶生薬やハーブの成分をエタノールに浸すことで作られる液状の製剤。
　　 *2 weed：《話》マリファナ、大麻 ／ *3 bet the farm on：《話》〜に全財産をかける
　　 *4 THC：　▶大麻の主な有効成分である化学物質のテトラヒドロカンナビノール。
　　 *5 epilepsy：てんかん ／ *6 Dravet syndrome：ドラベ症候群　▶乳幼児期に発生する難治性てんかん。
　　 *7 insane：《話》信じられない、すごい ／ *8 cannabinoid：　▶大麻草に含まれる化学物質の総称。
　　 *9 hemp：《植》麻、大麻、ヘンプ ／ *10 'cause＝because

問1 **What is CBD?**

(A) The Stanley brothers' first product

(B) A substance in the cannabis plant

(C) An artificial compound

(D) The substance in marijuana that gets people high

*artificial compound: 人工化合物

問2 **What is true about the Stanley brothers' most successful kind of marijuana?**

(A) It doesn't get people high.

(B) It has a significant amount of CBD.

(C) It has very low THC content.

(D) All of the above

問3 **What gave CBD nationwide fame in America?**

(A) The success of a play about it

(B) The passage of the 2018 Farm Bill

(C) Its use in successfully treating epilepsy

(D) The legalization of marijuana

問4 **According to the final interviewee, what is one problem concerning CBD?**

(A) It might make some people high.

(B) It's not always clear to consumers whether or not it's truly legal.

(C) Its medical benefits are limited to people with a rare form of epilepsy.

(D) It's still illegal under federal law.

問5 **Translate the underlined part into Japanese.**
(ただしhempは「大麻」とし、CBDおよびTHCは日本語に訳出せずそのまま記入すること)

▎和訳

私たちの初めての医療用大麻の調査から6年以上が経ちます——私たちが初めて皆さんに大麻草の成分、カンナビジオール、つまりCBDを紹介して以来ということです。しかし、そのCBDという言葉は今や日常会話の一部となっています。そしてその成分のおかげで数十億ドル規模の産業が築かれました。

オイルからチンキ剤、ローション、カフェラテまで、CBD（を使った製品）は至るところで見られます。CBDによって人が興奮状態になることはないとわかっていますが、依然としてそれ以外の作用についてはよくわかっていません。研究があまりないのです。

今回の探求は、私たちが最初に大麻の調査（報道）を始めたまさにその場所から始めるべきでしょう。それはさかのぼること2013年、（この産業の）パイオニアであるこの家族、兄弟たちのことです。彼らがCBDブームを起こしたと多くの人が考えているのです。こちらが、そのスタンリー兄弟です。

私たちがさかのぼること2013年に初めて皆さんに彼らを紹介したとき、彼らは若く、無名で、新たなビジネスに必死に取り組んでいました。CBDを主体とした彼らの大麻生産会社は、今や大麻を扱う一大上場企業で、時価総額は推定20億ドルです。

当時、彼らは1エーカー（約4047平方メートル）に満たない土地で年間600ポンド（約270キログラム）の医療用大麻を栽培していました。（その成分の1つである）THCの生産に全財産をかけ、片手間に、ほとんどの人が思いつかなかった物質（CBD）の実験を行っていました。

「世界にこんな植物はありませんよ。この植物はCBDの成分を21％含み、THCの成分は1％以下なのです」（ジョシュ・スタンリー　2013年に）

当初、多くの人が疑問に思ったのは、興奮作用のないマリファナ品種を欲しがる人なんていないのではないかということでした。でも、ジョシュ（・スタンリー）とその兄弟たちは、そのときすでにその将来性を見抜いていたのです。それはすぐにシャーロットという名の少女によって世界中に知れ渡ることになりました。

ドラベ症候群という珍しいタイプのてんかんを持って生まれたシャーロットは30分ごとに発作を起こし、毎回命に関わる恐れがありました。いかなる治療も効かなかったため、彼女の両親はシャーロットにスタンリー兄弟のCBDオイルを与えました。

「彼女はその日発作を起こしませんでした。そして次の日も発作を起こさなかったのです、そしてその次の日も。私はただこう思いました、『これはすごい』と」（ペイジ・フィギ　シャーロットの母親　2013年）

それが6年前のことです。「私が思うに、それによって、CBDが最も好まれるカンナビノイドとして全米の注目を集めることになったんです」（ドナルド・エイブラムズ医師　大麻研究者）

最近の世論調査では、今や、3人のうち2人の米国人がCBDについて知っていて、7人に1人がそれを使用しているとのことです。

（CBDを含む商品には）ミント、ローション、オイル、入浴剤、お菓子のグミ、ポップコーンなどがあります。ここが少し混乱するところです。数十年間、CBDを含め、大麻は連邦法では違法とされてきました。それが、2018年の農業政策法の成立に伴い一変したようなのです。それによって、厳密に言えば、CBDを含み、THC含有量が0.3％未満の大麻の栽培が合法になりました——少なくとも、ほとんどの人がそう理解しています。

「農業政策法により、連邦法上はCBDが合法になりましたが、同法では州政府が（州内での）販売や、農家による栽培を許可するか否かを決定することを認めています。ですがそれは、私見ですが、非常にわかりにくいのです。さらにおかしいのは、多くの小売店が（州政府が許可しようがしまいが）お構いなしに売ってしまっているということです。ですから、あなたは店に入って、『ああ、これは合法に違いない、だってここで売られているんだから』と単純に思うかもしれません」（リサ・ギル　コンシューマー・レポート）

米国のCBD市場は、2018年には約5億9100万ドルに達しました。そして専門家は、2022年までには220億ドルに達する可能性があると考えています——全てはあの7人の兄弟たちとあの1人の少女のおかげなのです。

▌解答と解説

問1 　設問訳 CBDとは何ですか？

　選択肢 × **（A）**スタンリー兄弟の最初の製品

　　　　 ○ **（B）**大麻草の成分

　　　　 × **（C）**人工化合物

　　　　 × **（D）**人を興奮させる、大麻草の成分

第1段落1文目an ingredient in the cannabis plant, cannabidiol, or CBD「大麻草の成分、カンナビジオール、つまりCBD」とあります。an ingredientとcannabidiolが同格の関係で、さらにcannabidiolを「換言のor」を使ってCBDと言い換えています（「換言のor」はp.76（基礎編⑪）でも解説しました）。本文のan ingredientが、選択肢ではA substanceに言い換えられています。

問2 　設問訳 スタンリー兄弟が作った大麻のうち、最も売れた種について当てはまることは何ですか？

　選択肢 × **（A）**人を興奮させることはない。

　　　　 × **（B）**CBDの含有量がかなり高い。

　　　　 × **（C）**THCの含有量が非常に低い。

　　　　 ○ **（D）**上記全て

第7段落1文目a strain of marijuana that <u>doesn't get you high</u>が選択肢A、第6段落1文目There's nothing like this in the world. This plant's <u>21 percent CBD</u> and <u>less than 1 percent THC.</u> が選択肢B・Cの内容と合致しています。

問3 　設問訳 どうしてCBDは全米で有名になったのですか？

　選択肢 × **（A）**それを扱った演劇が成功をおさめたから

　　　　 × **（B）**2018年に農業政策法が可決されたから

　　　　 ○ **（C）**てんかん治療にうまく利用されたから

　　　　 × **（D）**大麻が合法化されたから

第8〜9段落に、「シャーロットにCBDオイルを与えた結果、その後てんかんの発作を起こさなくなった」という内容があります。その後、第11段落にThat...catapulted CBD into...the national limelight「それが…CBDを全米の注目の的の状態にした」と続くことから、CBDが有名になった要因は「てんかんの治療に効果を発揮したこと」だとわかります（catapult A into B「急にAをBの状態にする」）。

　limelightは「スポットライト、注目の的」という意味です。電灯が発明される前の舞台照明として、lime「石灰」を利用したライトを使っていたことに由来するとされています。

　また、第8段落1文目のepilepsyという単語には語句注がついていますが、仮にこれを知らなくても、a rare form of epilepsy called Dravet syndrome「Dravet症候群と呼ばれる珍しいタイプのepilepsy」に注目すれば、「何らかの病気」を指していると推測することができます。

▌解答と解説

問4 設問訳 最後にインタビューされた人によると、CBDに関する1つの問題は何ですか？

選択肢 × **(A)** 一部の人々を興奮させる可能性があること。

○ **(B)** 本当に合法なのかどうかが常に消費者の目に明らかであるとは限らないこと。

× **(C)** 医学的なメリットは、珍しい症状のてんかんを患っている人々だけに限られること。

× **(D)** 連邦法のもとでは未だ違法であること。

第14段落3文目What's even crazier is that lots of retailers sell it anyway. So you might walk into a store and just think, 'Oh, it must be legal, 'cause it's here.' とあります。「合法だと思い込んでしまう」ということは、「実際に合法かどうかを判断することが難しい」と解釈し、選択肢Bを選びます。

問5 解答 それ（大麻が連邦法で違法とされていたこと）が、2018年の農業政策法の成立に伴い一変したようなのです。それによって、厳密に言えば、CBDを含み、THC含有量が0.3％未満の大麻の栽培が合法になりました——少なくとも、ほとんどの人がそう理解しています。

change with the passageは「通過（成立）に伴って変わる」で、withは「一緒」→「～に伴って」ということです。単純に「で」と訳出しても許容範囲でしょうが、withの感覚は押さえておきたいところです。passageは「（文の）一節」ではなく、「法案が議会を通過（pass）する」→「可決」です。

which以下は、make OCの形で、Oがgrowing...THC「CBDを含み、THC含有量が0.3％未満の大麻を栽培すること」という動名詞のカタマリ、Cは形容詞legalです。makeを見たらSVOCを意識する、という習慣がないと見抜けない形です。

technicallyは「技術的に」以外に、「（技術を使って）専門的に」→「（専門家のように）厳密に言えば」という意味があります（最近の入試で出題急増中なので、後で詳しく説明します）。

ここがカクシン！

すでに世界では注目されている

医療での大麻使用を認める国は世界中で増えています。米国 (33州)、カナダ、ドイツ、イギリス、オランダ、メキシコ、アルゼンチン、スペイン、フィンランド、オーストリアなど、多くの国で合法化されているのです。アジアでもタイと韓国での医療使用が合法化されています。通常の薬では緩和できない痛みを取り除く鎮痛作用や嘔吐の抑制など、その恩恵にあずかる人も少なくないのです。日本で大麻といえば、有名人の逮捕ばかりが話題になりがちですが、大学の先生はそんなことに興味はなく、受験生に知ってほしいテーマとして出題候補に入れてくると思います。

ちなみに、シャーロットちゃんは、米国の医療用大麻に関連する法律の改定に最も大きな影響を与えた少女とされていますが、その後、新型コロナウイルス感染が疑われる症状により、2020年4月に13歳で亡くなったとのことです。大学入学後も、こういった日本ではあまり注目されない、しかし大切なニュースにも触れていくように努めてほしいと思います。

CBDとTHCについて

CBDとは、大麻草から抽出される成分です。マリファナに見られるような幻覚成分はなく、鬱や不眠症の改善、リラックス効果などがあると言われており、アメリカで爆発的に売り上げを伸ばしています。

THCは化学物質のテトラヒドロカンナビノール (tetrahydrocannabinol) で、カンナビノイド (大麻に含まれる化学物質の総称) の一種です。多幸感、幻覚作用、記憶への影響などをもたらします。CBDと共に大麻の主な有効成分です。アメリカ連邦法では大麻草は、THC含有率が0.3%未満の「ヘンプ」と、それ以上のTHCを含む「マリファナ」に大別されています。

全米を揺るがす「オピオイド」問題

医療大麻の合法化が進む一方で、アメリカで問題になっている薬物の1つがopioid「オピ

オイド（ケシの実から作られる麻薬性鎮痛剤や合成鎮痛剤の総称）」です。強い鎮痛効果を持つため医療目的で用いられていますが、依存症がまん延しており、2018年には約4万7000人がその過剰摂取により死亡したと報告されています。

⊘ 語句の補足

第13段落3〜4行目に登場したthe 2018 Farm Billとは、2018年12月に成立した連邦農業政策法のことです。この政策により、これまで規制植物に分類されていた「ヘンプ」が、規制植物から除外されました。

⊘ 難関大で大注目の technically

問5で問われたtechnicallyという単語は、大学受験用の単語帳にはほとんど載っていませんが、難関大の設問では問われます。

　2020年には、早稲田大の2つの学部の設問で狙われました。また、2018〜2020年の間に慶應大では3回出ています。「厳密には」という意味をしっかり押さえておきましょう。余談ですが、映画やドラマでもしばしば耳にする言葉です。

💡 入試に出た！

慶應大（2019年）で「薬物合法化の是非」に関する英文が出ています。薬物を合法化することで質の悪い薬物の流通を抑えられる、闇市場がなくなる、また、薬物中毒者への治療として薬物を使用することが有益となることもある、などのメリットを知っておく価値はあるでしょう。

CBD含有製品の展示会では保湿クリームや飲料水などさまざまな製品が並ぶ

　高知大（2020年）の英文では（医療大麻の長文ではありませんが）marijuanaという単語が使われ、星薬科大（2020年）では「オピオイド問題」が長文のテーマとして出ています。

2 オンライン授業／Online Classes

新型コロナウイルスの感染拡大の影響で世界中の学校が閉鎖され、多くの国の学校で授業がオンライン形態に移行した。新規感染者数が減少した後も、大学などの高等教育機関を中心にオンラインでの講義やテストの実施が継続されている。

リスニング対策は音声→問題へ　≫　アメリカ英語｜ゆっくり 　アメリカ英語｜ナチュラル

「オンライン授業」に関するボキャブラリー ▶実力を試したい方は先に問題を

| HOT | **ultimate**
[ʌ́ltəmət] | 究極の、最高の |

| | **higher education**
[èdʒukéiʃən] | 高等教育 |

| | **instead of doing**
[instéd] | 〜する代わりに |

| | **law student**
[lɔ́:] | 法学部の学生、法学生 |

| NEW | **log on**
[lɔ́:g] | （ネットワークなどに）繋げる、ログオンする |

| | **budding**
[bʌ́diŋ] | 新進の |

| | **remain**
[riméin] | 〜のままである、状態を保つ |

| NEW | **socially distant**
[dístənt] | 社会的距離を保った
▶人と人との間に少なくとも2メートルの距離を空けている状態。 |

be close to [klóus]	〜に近い、類似している	
call on [kɔ́ːl]	（教師が授業で生徒に）あてる	
a good deal of [díːl]	かなり、たくさんの	
interchange [íntərtʃèindʒ]	やりとり、意見などの交換	
instruction [instrʌ́kʃən]	教育、指導、訓練	
vary from A to A [véəri]	A によって異なる、違う	
post [póust]	（オンラインで）〜を掲示する、 投稿する	
engaging [ingéidʒiŋ]	人を引き付ける、魅力のある	
do a good job of doing [dʒáːb]	うまく〜する、 〜という仕事を上手にする	
communication [kəmjùːnikéiʃən]	伝達、コミュニケーション	
work [wə́ːrk]	〈事が〉運ぶ、機能する	
be over [óuvər]	終わっている	

for the rest of the year
[rést]

年度末まで、学年末まで

be worried about
[wə́:rid]

〜を心配している、懸念している

lose
[lú:z]

〜を失う、なくす

definitely
[définətli]

確実に、間違いなく

UP **a lesser A than B**
[lésər]

Bより劣っているA

experience
[ikspíəriəns]

経験、体験

administrator
[ədmínistrèitər]

管理者、運営者、
（大学の）教務の職員

HOT **challenging**
[tʃǽlindʒiŋ]

能力を試すような、難しい

semester
[səméstər]

（2学期制の）学期

HOT **institution**
[institú:ʃən]

（教育などの）機関、組織

offer
[ɔ́:fər]

〜を提供する、与える、差し出す

HOT **partial**
[pá:rʃəl]

一部の、部分的な

refund [ríːfʌnd]	払い戻し、返金
housing [háuziŋ]	住宅
letter grade [létər grèid]	レターグレード、 A、B、C、D、Fの5段階評価
decide that [disáid]	〜ということを決める
pass/fail [féil]	（単位などの）合格か不合格か （という2択の判定）
alternative [ɔːltə́ːrnətiv]	代わりとなるもの、代替手段
commit to doing [kəmít]	〜することを約束する、誓う
make a move [múːv]	行動をとる、措置を講じる
unconscionable [ʌnkáːnʃənəbəl]	良心に照らして受け入れがたい、 不当な
end up doing [énd]	結局〜することになる
mean that [míːn]	（結果として）〜ということになる
employer [implɔ́iər]	雇い主、雇用者

「オンライン授業」に関する CNN リポートに挑戦！

Read this news report and answer the questions below.

Richard Friedman's evidence-law class is pretty much the ultimate example of higher education under coronavirus: instead of sitting in a classroom with each other, Friedman's second- and third-year law students at the University of Michigan log on for the Socratic method.[*1]

Friedman says his budding lawyers are getting the education they need while remaining socially distant.

"I think in the end it'll be close to the same. I'm still calling on people, still getting their answers, still holding office hours.[*2] I'm still getting a good deal of...of interchange." (Richard Friedman)

But online instruction varies from professor to professor.

"I have some classes on Zoom,[*3] some on Microsoft. Some teachers are just posting videos of them doing the PowerPoints." (Alina Buckley, student, University of South Carolina)

"A lot of my teachers in class are really engaging, and I really enjoy going to their classes, so it's going to be really different just seeing them on a screen." (Caitlin Felts, student, Chapman University)

"I think UVA[*4] has done a really good job of helping the teachers and also helping us. They've been really good about the communication on how the class is going to work." (Blake Morain, student, University of Virginia)

Campus life as everyone knows it is over for the rest of the year.

"I loved all my classes, all my teachers. I loved going and talking to 'em[*5] after class. But I can't do that now, really." (Alina Buckley)

Students know why this is happening, but they're worried about what they're going to lose.

"I definitely think that this is a much lesser experience than what I would be getting if I was on campus." (Caitlin Felts)

Administrators also know this'll be a challenging semester. Some institutions are offering partial refunds for housing. Many are letting students choose to take classes without letter grades.

"Columbia[*6] has actually decided that all grading will be pass/fail for the semester. I think that that's a great alternative, and I hope that colleges all over the country are going to commit to making that move. To me, it really seems unconscionable for us to do anything else." (Jenny Davidson, professor, Columbia University)

Professors are doing what they can to make this easier, but students remain afraid of a lost semester.

"I want to get a job after college.[*7] I don't want to stay for a fifth year. You know, like, I want to stay on track.[*8] But if it's going to end up meaning that I get a lower GPA[*9] and then I can't get a job that I want just 'cause this happened... Hopefully, companies and, like, employers will understand." (Alina Buckley)

Evan McMorris-Santoro, CNN, New York.

>>> 445 words

（注）*1 the Socratic method：ソクラテス式問答法　▶質問を繰り返しながら検証を進めていく反対論法のこと。
*2 hold office hours：オフィスアワーを開く、行う　▶授業外に大学教員が研究室などで、学生の相談などに応じること。
*3 Zoom：▶米国企業 Zoom Video Communications が提供するウェブ会議サービス。
*4 UVA：= University of Virginia　バージニア大学
*5 'em：= them
*6 Columbia (University)：▶ここではコロンビア大学を指す。
*7 after college：= after graduating from college　大学卒業後
*8 be on track：順調に進んでいる　▶ここでは、「このまま」順調に物事を進めたいということで、stay on track となっている。
*9 GPA：= grade point average　成績平均点、成績平均値

問1 **What does Professor Friedman say he has been continuing to do since classes went online?**

(A) Call on students

(B) Have discussions with students

(C) Hold office hours

(D) All of the above

問2 **What opinion is expressed by at least one of the interviewed students?**

(A) Going to classes on campus is better than having them online.

(B) Most professors are more engaging online than in actual classrooms.

(C) There is no need to worry about the changes.

(D) All of the above

問3 **What have some university officials done because of the new situation?**

(A) Offered refunds for housing

(B) Let students take classes in which no letter grades are given

(C) Changed grading to a pass/fail basis

(D) All of the above

問4 **What is NOT mentioned as a possible result of the current situation?**

(A) Not being able to get a desired job

(B) Suffering a decrease in GPA

(C) Having to stay in college for a fifth year

(D) Online classes being too easy

問5 **Translate the underlined part into Japanese.**

■ 和訳

リチャード・フリードマン教授の証拠法の講義は、（新型）コロナウイルスまん延下での高等教育の究極の例であるとも言えます。教室に（並んで）座る代わりに、フリードマン教授が教えるミシガン大学の2年生と3年生の法学部学生たちは、ソクラテス式問答法の講義を、ログオンして（オンラインで）受けています。

フリードマン教授は、彼が教える法律家の卵たちは、社会的距離を保ちながらも必要な教育を受けている、と語ります。

「結局は、（教室での講義と）ほぼ同じになると思います。（オンラインでも）これまで通り学生をあてて、答えてもらっていますし、オフィスアワー（講義以外での相談の時間）も実施しています。このやり方でも、学生とのやりとりはかなりできています」（リチャード・フリードマン）

しかし、オンライン講義（の進め方）は、教授によって異なります。

「私（が取っている講義）は、ズームを使う講義もあれば、マイクロソフト（のソフトウエアやツールなど）を使う講義もあります。中には、パワーポイントを使った（講義）動画を投稿しているだけの先生もいます」（アリーナ・バックリー　サウスカロライナ大学学生）

「私の先生方は面白い講義をする方が多くて、私は講義に行くのが本当に楽しみなのです。ですから、単に画面上で先生たちを見るだけになると（教室での講義とは）かなり違ってくるでしょうね」（ケイトリン・フェルツ　チャップマン大学学生）

「バージニア大学は、教員や私たち学生をも本当によく支援してくれていると思います。オンライン講義の進め方について本当によく教えてくれました」（ブレイク・モレイン　バージニア大学学生）

誰もが知っているようなキャンパスライフは、年度末までもうありません。

「講義も先生方もみんな大好きでした。講義の後、先生たちとお話ししに行くのも楽しみでした。でも、今はもうそれができません、ほとんどね」（アリーナ・バックリー）

学生たちは、なぜこのようなことになっているのか、その理由はわかっていますが、自分たちが失うであろう（大切な）ものを心配しています。

「間違いなく、この（オンライン講義での）経験はずっと劣っていると思います。キャンパスで得られたであろう経験に比べてね」（ケイトリン・フェルツ）

大学運営側も、今期は厳しい学期になると認識しています。住宅費の一部払い戻しをしている大学もあります。多くの大学では、「レターグレード（A、B、C、D、Fの5段階評価）のつかない講義」を受けるという選択肢を学生に与えています。

「コロンビア大学では、実際、今学期の成績は全て合格／不合格という2択の判定とすると決定しました。私は、それはとても良い代替手段だと思います。そして、全国の大学も同様の措置を講じることを約束することを願います。私には、それ以外の方法をとるのはあまりにも受け入れがたく思えます」（ジェニー・デービッドソン　コロンビア大学教授）

教授たちは、今の状況の困難さを軽減するため精一杯努力していますが、学生たちは、一学期分（で本来得られるはずだったもの）を失うのではないかという不安を抱えたままです。

「大学卒業後は就職したいと思っています。大学で5年目を過ごそうとは思いません。つまり、その、順調に進みたいと思っています。でも、もし、このような状況になったせいで最終的に GPA（成績平均値）が下がり、希望の仕事に就けなかったら……。企業側、というか、雇い主がそれを理解してくれたらいいのですが」（アリーナ・バックリー）

CNN のエバン・マックモリス＝サントロがニューヨークからお伝えしました。

▌解答と解説

問1 [設問訳] フリードマン教授が講義のオンライン移行後に継続して実施していると言っていることは何ですか？

[選択肢] × (A) 学生を指名して発言を求める

× (B) 学生と議論をする

× (C) オフィスアワーを設ける

○ (D) 上記全て

第3段落2文目の I'm still calling on people が選択肢A、still holding office hours が選択肢C、still getting their answers と続く3文目の I'm still getting a good deal of...interchange. が選択肢Bの内容に合致します。call on は「訪問する、要求する」が有名ですが、ここでは「教師が生徒に声をかけて、答えを要求する」→「あてる」という意味です。

問2 [設問訳] インタビューを受けた学生のうち、1人以上から出ている意見は何ですか？

[選択肢] ○ (A) オンラインで講義を受けるよりも、キャンパスでの講義に行く方が良い。

× (B) 大半の教授は、実際の教室よりもオンラインの方が魅力的である。

× (C) (オンライン講義への) 変化について心配する必要はない。

× (D) 上記全て

第11段落の学生の発言に、I definitely think that this is a much lesser experience than what I would be getting if I was on campus. とあります (this は「オンライン講義で自分が経験すること」を指しています)。than以下のwhat節は、仮定法過去の形 (S would [原形] if s [過去形]) になっています。仮定法過去の場合、be動詞は一般的にwereが使われますが、このように話し言葉ではwasが使われることもよくあります。

また、第6段落の "A lot of my teachers in class are really engaging, and I really enjoy going to their classes, so it's going to be really different just seeing them on a screen." や、第9段落の "I loved all my classes, all my teachers... But I can't do that now, really." などもヒントになります。

問3 [設問訳] 新しい状況を理由に、一部の大学当局がしたことは何ですか？

[選択肢] × (A) 住宅費の返金に応じた

× (B) 学生が、レターグレードをつけない講義を取ることができるようにした

× (C) 評価を合格／不合格という2択の判定方式に変えた

○ (D) 上記全て

第12段落2文目 Some institutions are offering partial refunds for housing. が選択肢A、直後の Many are letting students choose to take classes without letter grades. が選択肢B、さらにその後ろの Columbia has actually decided that all grading will be pass/fail for the semester. が選択肢Cの内容に合致します。

解答と解説

問4 設問訳 現在の状況によってもたらされうる結果として言及されていないことは何ですか？

選択肢 × **(A)** 希望の仕事に就くことができない

× **(B)** GPAが下がってしまう

× **(C)** 5年目も大学で過ごさなければならない

○ **(D)** オンライン講義が簡単すぎる

第15段落4文目if it's going to end up meaning that I get a lower GPA and then I can't get a job that I wantが選択肢A・B、同段落2文目I don't want to stay for a fifth year. が選択肢Cの内容に合致します（end up doing「結局～することになる」）。本文のa job that I wantが、選択肢Aではa desired job「希望の仕事」に言い換えられています。

問5 解答 教授たちは、今の状況の困難さを軽減するため精一杯努力しています

Professors are doingがS＋Vで、what they can [do] to make this easierがOになっています。canの直後にdoが省略されています（前にあるdoが反復されることによる省略）。

このto makeは副詞的用法の不定詞で「目的（～するために）」を表します。toの後はmake OCの形です（thisがO、easierがC）。what they can to make this easier「これを楽にするために、彼らができること」となります（模範解答ではthisを「今の状況の困難さ」と具体的に訳しています）。

以上の通り、構文と直訳は（この本の読者であれば）難しくありませんね。だからこそこだわりたいのはwhatの訳出の仕方です。暫定的に「（できる）こと」としましたし、ほぼ全ての受験生がそうするはずです。決して間違いではありませんが、ここで知ってほしいのは「関係代名詞whatは『もの・こと』に限らず、かなり柔軟に訳してもいい」ということです。ここではcanに注目して、「可能な限りできること（をしている）」と考えるといいでしょう。模範解答では、動詞are doingとまとめて「精一杯努力している」となっています。ぜひこういった意訳ができる（試験本番でも書いてOK）ことを知っておいてください。

ここがカクシン！

▶ 大学に直接関わるだけに

2020年4月に公表された国連の報告書によると、新型コロナウイルスの感染拡大により世界約190カ国で休校措置が取られ、15億人の子どもと若者に影響を及ぼしているとのことです。

　このような状況を背景に、「授業のオンライン化」が加速しています。ズームなどのツールを用いて授業に参加し、リアルタイムで質問もできるため、登校する必要がなく、感染リスクが激減するメリットがあります。一方で、インターネットの通信環境が整っていない学生には大きな負担がかかるなどのマイナス面も無視できません。

　日本でも、早稲田大、慶應大、上智大、青山学院大など、多くの大学がオンライン講義を継続する方針を発表しました。

　オンライン授業の是非は2015年くらいからすでに入試に出ていますが、直接大学に関わることでもあるので、今後の入試最重要テーマの1つになるでしょう。

▶ 語句について

第1段落4行目に登場したthe Socratic method「ソクラテス式問答法」とは、相手に質問をしながら、考えの矛盾に気づかせる議論の方式です。古代ギリシャの哲学者ソクラテスにちなんで名付けられました。

　第6段落1文目engaging「人を引き付ける、魅力のある」は、下線が引かれやすい（設問で狙われやすい）単語です。動詞engageは本来「人を巻き込む」→「従事させる、婚約させる」という意味です。さらに、engagingは「人の意識・興味を巻き込むような（注目させるような）」→「魅力のある」となるわけです。

　第8段落Campus life as everyone knows it is over for the rest of the year. では、「名詞限定のas」が使われています（p.48参照）。「誰もが知っているようなキャンパスライフ」と、名詞Campus lifeを修飾しています。as everyone knows itまでがasのカタマリなので、間違っても、it isをSVだと解釈してはいけません。

　第9段落2文目I loved going and talking to 'em after class. の'emはthemの省略形です。

今回のような会話文のほか、歌詞などでもよく使われます。実際の発音では「エム」のように発音されることがあるため、その音をそのまま文字化したものです。

　第15段落3文目にはbe on track「順調に進んでいる」という熟語（記事本文ではstay on trackの形）が登場しました。trackは陸上競技で使われる「トラック」でおなじみですが、ここでは「道、小道」や「（鉄道の）路線」と捉えましょう。onは「接触」→「動作の接触」→「進行中」の意味で、「進んでいる最中」という意味が含まれます。

💡 入試に出た！

2020年では、名古屋工業大が「インターネットやタブレットを活用する学習の是非」について、徳島大が「テクノロジーによる学習の変化」についての自由英作文を出しています。

コロナ禍による講義のオンライン化について話すアメリカの大学生

　千葉大（2020年）は「対面のコミュニケーションとネットを通じてのコミュニケーション」の比較を自由英作文で出しています（このテーマは10年以上前から定番です）。

　また、中央大（2020年）では「大学では勉強以外にも重要なことがある」という長文を出しています。現状、長文よりも英作文で圧倒的に出題率が高いと言えます。

3 コロナ禍のリーダー／Pandemic Leadership

コロナ禍で注目を集めたのはITの活用だけではない。ウイルスの封じ込めに成功した国とそうでない国の違いはどこにあるのか——その答えの1つとして、「女性リーダー」というファクターが指摘されている。

リスニング対策は音声→問題へ ≫ アメリカ英語｜ゆっくり **52** ▶ イギリス英語｜ナチュラル **53**

「コロナ禍のリーダー」に関するボキャブラリー **54** ▶ 実力を試したい方は先に問題を

be praised for [préizd]	～を称賛される、褒められる
response to [rispá:ns]	～への対処、対応
NEW **pandemic** [pændémik]	パンデミック、疾病の世界的流行
HOT **put...in place** [pléis]	…を導入する
NEW **lockdown** [lá:kdàun]	封鎖
HOT **intervention** [ìntərvénʃən]	介入、介在、干渉
UP **get it right** [ráit]	うまくやり遂げる、 正しく対応する
territory [térətɔ̀:ri]	地域、領土、領地

particularly [pərtíkjələrli]	特別に、とりわけ、非常に

strategy [strǽtədʒi]	戦略、方策

HOT

threat to [θrét]	～に対する脅威、危険な存在

aggressive [əgrésiv]	積極的な、意欲的な、精力的な

HOT

restrict [ristríkt]	～を制限する、限定する

NEW

ramp up [rǽmp]	（生産などを）増やす、増強する

NEW

personal protective equipment [ikwípmənt]	個人用防護具、PPE

UP

to date [déit]	これまでで、今までで、 今日までで

UP

fatality [fətǽləti]	死亡者、死亡例

UP

enforce [infɔ́ːrs]	～を実施する、執行する

source of income [sɔ́ːrs]	収入源

nonresident [nɑ̀nrézidənt]	非居住者、非滞在者

attempt to do [ətémpt]	〜しようと試みる、努める
hit [hít]	達する、至る
proactive [prouæktiv]	積極的な、事前に対策をとる
tracking system [trækiŋ]	追跡システム
suffocate [sʌ́fəkèit]	（〜の発達・機能などを）妨げる、阻害する
by far [fáːr]	はるかに、断然、群を抜いて
manage [mænidʒ]	①（国などを）管理する ②（危機などに）うまく対処する
chart [tʃáːrt]	図、表、グラフ
noticeably [nóutəsəbli]	著しく、目立って
comparable [káːmpərəbəl]	似たような、同様の
apparent [əpǽrənt]	（真偽はともかく）見たところ 〜らしい、一見〜に見える
mortality rate [mɔːrtǽləti]	死亡率

compassion [kəmpǽʃən]		深い同情、思いやり
rigor [rígər]		厳格さ、(論理などの) 厳密さ
engage [ingéidʒ]		～を引き込む、参加させる
empathy [émpəθi]		共感、感情移入
speak to [spiːk]		～について訴えかける
humanity [hjuːmǽnəti]		人間性
be at stake [stéik]		危機にひんしている、 存続がかかっている
crisis [kráisis]		危機、重大な局面、難局
early on [ə́ːrli]		早くから、早い時期に
decisively [disáisivli]		決断力を持って、断固として
disproportionate [dìsprəpɔ́ːrʃənət]		均衡を欠いた、過度に多い
take an approach to [əpróutʃ]		～に対して取り組みを行う、採る

「コロナ禍のリーダー」に関する CNN リポートに挑戦！

▌Read this news report and answer the questions below.

Several countries have been praised for their effective responses to the pandemic. As the virus began spreading, they put testing, lockdown and intervention measures in place quickly. So, how did these countries get it right? CNN's Max Foster reports the answer may be who's in charge.

* * *

As the virus spread beyond China, countries and territories run by women appear to have had particularly effective strategies.

Taiwan's Tsai Ing-wen was one of the first leaders to recognize the threat to her island. Her aggressive early response included restricting flights from mainland China and ramping up production of personal protective equipment, such as masks. To date, Taiwan has reported only six fatalities linked to the virus amongst[*1] its population of 24 million.

Jacinda Ardern of New Zealand was even more aggressive as she enforced a national lockdown before any deaths were even reported. And she banned tourists, which are the country's biggest source of income.

"From 11:59 p.m. tonight, we will close our border to any nonresidents and [non]citizens attempting to travel here." (Jacinda Ardern, prime minister of New Zealand)

When the virus hit Europe, female leaders were similarly proactive. In Iceland, Katrin Jakobsdottir offered free testing to all citizens whether they were showing symptoms or not. And she used a tracking system so she didn't have to lock down and suffocate the economy.

Compare that to Sweden, which has by far the highest death rate in the Nordics[*2] and is also the only country there that isn't led by a woman.

Smaller nations are perhaps easier to manage, but that doesn't explain Angela Merkel's success in Germany, a nation of 83 million. This chart compares Germany's noticeably low death rate with other, comparable European states and the US.

So, what explains the apparent link between low virus-mortality rates and female leadership?

"So, each of the leaders you mention brings a combination of compassion and rigor, I think, to the way that they've engaged the public—you know, fact-based, evidence-based, science-based, early—but also really showing empathy and speaking to the humanity of what's at stake here in the crisis." (Samantha Power, former US ambassador to the United Nations)

Managing a crisis requires recognizing it early on and acting decisively. The international evidence so far shows a disproportionate number of female leaders successfully taking that approach to the current pandemic.

Max Foster, CNN.

>>> 391 words

(注) *1 amongst：＝among
*2 the Nordics：北欧諸国

問1 **What is common to all the countries described as having responded well to the pandemic?**

(A) They are led by women.

(B) They are in Europe.

(C) They are in Asia.

(D) They have small populations.

問2 **What does the news report say the leaders of Taiwan and New Zealand did?**

(A) Increased production of masks

(B) Limited travel across their borders

(C) Enforced a national lockdown

(D) Used a tracking system

問3 **Which very populated country had a low death rate?**

(A) The United States

(B) Germany

(C) China

(D) No very populated country had a low death rate.

*very populated: 人口の多い

問4 **According to the final interviewee, what is common to the leaders mentioned in this news report?**

(A) Effective use of advanced technology

(B) An optimistic approach

(C) A mixture of rigor and empathy

(D) Being leaders of large countries

問5 **Translate the underlined part into Japanese.**

和訳

いくつかの国がこのパンデミックへの効果的な対処によって称賛を浴びています。（新型コロナ）ウイルスが広がり始めたとき、それらの国々は検査、封鎖、介入対策を迅速に導入しました。では、これらの国々はどのようにそれを成功させたのでしょうか。CNNのマックス・フォスター記者が伝えるのは、誰が（国を率いる）責任者であるかにその答えがあるかもしれないということです。

＊　＊　＊

（新型コロナ）ウイルスが中国を越えて広まった際、女性が率いる国や地域は特に効果的な戦略を取っていたように思われます。

台湾の蔡英文総統はいち早く自国への脅威に気づいた指導者の1人でした。彼女の積極的な初期対応の中には、中国本土からのフライトの制限や、マスクなど個人用防護具の増産といったことが含まれていました。これまでで、台湾の発表によれば（新型コロナ）ウイルス関連の死亡者は人口2400万人に対しわずか6人です。

ニュージーランドのジャシンダ・アーダーン首相はさらに積極的で、死者が1人も報告されていない時点で同国全土の封鎖を実施したのです。さらに彼女は観光客の入国を禁止しましたが、観光は同国の最大の収入源なのです。

「今晩、午後11時59分以降、ニュージーランドはここにやってこようとする非居住者や非国民に対して国境を閉鎖します」（ジャシンダ・アーダーン　ニュージーランド首相）

（新型コロナ）ウイルスがヨーロッパに上陸した際、（ヨーロッパの）女性指導者たちは（蔡総統とアーダーン首相と）同じように積極的でした。アイスランドでは、カトリーン・ヤコブスドッティル首相が、症状の有無にかかわらず、全国民に無料の検査を提供しました。そして首相は、ロックダウンを行ったり経済活動を妨げたりせずに済むように（感染経路の）追跡システムを用いました。

これをスウェーデンと比べてみてください。スウェーデンは北欧諸国の中で（新型コロナウイルスによる）死亡率が断トツで高く、また、この地域で唯一、女性が率いていない国なのです。

小さな国が比較的統制しやすいというのもあるのでしょうが、それは、人口8300万人の国家であるドイツのアンゲラ・メルケル首相の成功の説明にはなりません。こちらの図は、ドイツの著しく低い死亡率を他の（人口などが）同様のヨーロッパの国々および米国のそれと比較したものです。

では、このウイルスによる死亡率の低さと女性指導者の間にあるように見える関連性について、どう説明できるのでしょうか。

「そうですね、言及されている各リーダーたちは思いやりと厳格さの両方を発揮していると思います、彼女たちの一般大衆との関わり方にね──つまり、事実、証拠、科学に基づき、いち早く実施するというやり方です。そしてそれだけでなく本当に（大衆への）共感を示し、そして（大衆の）人間性に訴えかけたのです、この危機の中で何の存続がかかっているのかということについて」（サマンサ・パワー　元米国国連大使）

危機にうまく対処するために求められるのは、その危機を早い段階から認識し、断固たる行動を取ることです。世界で見られる事実がこれまでに示しているのは、現在起きているパンデミックにそうした取り組みを首尾よく行っている女性指導者が（想定しうる）比率以上に多いということなのです。

CNNのマックス・フォスターがお伝えしました。

▌解答と解説

問1 設問訳 パンデミックにうまく対処したとされている全ての国に共通することは何ですか？

選択肢 ○ **(A)** 女性が率いている。

× **(B)** ヨーロッパにある。

× **(C)** アジアにある。

× **(D)** 人口が少ない。

第2段落に countries and territories run by women appear to have had particularly effective strategies とあります（この run は「～を動かす、運営する」という意味で、ここでは過去分詞です）。また、第9段落の the apparent link between low virus-mortality rates and female leadership もヒントになります。

問2 設問訳 報道によると、台湾とニュージーランドの指導者は何をしたと言われていますか？

選択肢 × **(A)** マスクの生産量を増やした

○ **(B)** 国境を越える移動を制限した

× **(C)** 国家封鎖を実行した

× **(D)** 追跡システムを使った

台湾による施策は第3段落、ニュージーランドによる施策は第4段落に記載があります。第3段落2文目 restricting flights from mainland China、第4段落1文目 she enforced a national lockdown、続く2文目 she banned tourists から、両国とも国境を越える移動を制限したことがわかります。

問3 設問訳 人口が非常に多い国で、死亡率が低かったのはどこですか？

選択肢 × **(A)** アメリカ合衆国

○ **(B)** ドイツ

× **(C)** 中国

× **(D)** 人口が多い国で、死亡率が低かったところはない。

第8段落1文目 Smaller nations are perhaps easier to manage, but that doesn't explain Angela Merkel's success in Germany, a nation of 83 million. から、「ドイツは人口が多いにもかかわらず、成功を収めた（死亡率が低かった）」とわかります。直後の文の Germany's noticeably low death rate もヒントになります。

問4 設問訳 最後にインタビューされた人によると、この報道で名前の挙った指導者に共通していることは何ですか？

選択肢 × **(A)** 先端技術を効果的に使っていること

× **(B)** 楽観的な取り組み方であること

○ **(C)** 厳しさと共感の両方を発揮していること

× **(D)** 大国の指導者であること

最後にインタビューを受けた人の発言は第10段落にあります。each of the leaders you mention brings a combination of compassion and rigor...but also really showing empathy とあります。

▌解答と解説

問5 解答 このパンデミックへ効果的に対応することで称賛を浴びている国がいくつかあります。

今回の問題は「意訳できるか」をチェックする問題です。「和訳」(p.135) の日本語よりも、さらに自然なものにすることを目指しましょう。主語がsome＋名詞のとき、直訳して「いくつかの〜」よりも、「〜がある」としたほうが自然になるという和訳問題の鉄則は有名です。今回の主語Several countriesも同様に考えて、「いくつかの国が」とするより、「〜している国がいくつかある」とするほうが良いでしょう。

their effective responses toも、「〜への効果的な対処」でも十分に許容されますが、responsesを動詞っぽく「対処する」、それに応じてeffectiveを副詞っぽく「効果的に」と訳すと、より自然な和訳になります。their effective responses toで「〜へ効果的に対処すること」となります。

動詞部分のhave been praised forは、praise 人 for「〜を理由に 人 を褒める」の形です (p.89で解説しましたね)。

ここがカクシン！

▶ うまくいった国の共通点は「女性リーダー」

今回の記事に登場した、台湾、ニュージーランド、アイスランドおよびドイツは、新型コロナウイルスのパンデミックにおいて、早い段階で有効な対策を取ることに成功したと評価されましたが、注目すべきは、こういった国々の指導者が共通して女性であったことです。

　彼女たちの特徴としては、テクノロジーを活用した情報発信、思いやりのあるコミュニケーションが挙げられています。具体的には、感染経路の積極的な追跡、質の高い治療への早期アクセスの確保、テレビを通じた子ども向け記者会見などです。

▶ 入試に出ている女性論

「女性リーダー」の話題は、基礎編⑨でも扱ったのですが、今回の記事では、「女性リーダー」に加えて、「コロナ対策」「女性の資質（男性との違い）」にも触れている記事として取り上げました。

　受験指導ではあまり強調されないのですが、「女性」をテーマにした英文は急増しています。たとえば安倍前首相の経済政策「アベノミクス」、特に「ウーマノミクス」はすでに早稲田大や横浜国立大の入試で出題されているのです。

　以前、CNNでも「女性の活用は公正さだけでなく、経済の活性化においても重要」というリポートが放送されていました。

▶ 入試の世界でないがしろにされている重要語句

第1段落3文行目にはget...right「…をきちんとやる、うまくやり遂げる」という熟語が登場しましたが、会話では直訳「…を正しく（right）頭の中に得る（get）」→「…を正しく理解する」の意味でもよく使われます（rightは副詞「正しく」）。

　rightではなくwrongを使った例もあり、Don't get me wrong.「誤解しないでね」が国公立大の下線部和訳で出たこともあります（ここでのwrongは副詞「誤って」）。

　また、第3段落最終文のfatality「死亡者、死亡例」は、新型コロナウイルス関連のニュースでも頻繁に登場しますが、事故・災害の話題で出てくる重要単語です。形容詞fatal

は「死ぬ運命 (fate) に関わる (al)」→「致命的な」で、fatalityは「死に至った人」となります。

第3段落2文目にはS include Oという形が登場しました。includeは「中に (in) 閉じる (clude＝close)」→「含む」の意味が有名ですが、「イコール」を表すこともあります。確かに「全体 (S) は部分 (O) を含む」ということですから、完全にイコールではないのですが、「イコール」と考えた方が筆者の主張がダイレクトにわかることがあるんです。今回も「彼女の積極的な初期対応＝フライトの制限＋防護具の増産」と考えたほうがハッキリと伝わってきます。

● その他の語句

第10段落にはbe at stake「危機にひんしている、存続がかかっている」という熟語が登場しました。stakeは本来「棒・杭」で、そこから「賭け」の意味に広がりました（由来としては「賭けの賞金を棒につるした」などの説があります）。be at stake「賭けられている状態」→「どちらに転ぶかわからない、危うい」となるわけです。

ちなみに、第4段落2文目she banned tourists, which are... で、先行詞がtouristsなのにwhichが使われていますが、ここではtouristsを人そのものではなく、抽象的に「観光業」的な意味合いで捉えているためと解釈できます。

> ## 💡 入試に出た！

「女性リーダー」に関連して、信州大 (2020年) では「リーダーの資質」に関する長文が出題されています。

男女の比較などに関連したものでは、慶應大 (2020年) で「チーム内の男女バランス」をテーマにした英文、関西大 (2019年) で「感情的な欲求

コロナ禍への対応で注目された各国の女性首脳

の違い」を論じた英文、青山学院大 (2019年) で「米国の新聞投稿では男性投稿者が多く、女性は意見を述べづらい社会的背景」に触れた英文が出ました。

また、早稲田大 (2018年) では「政府・大企業の重要な地位での女性比率に下限は必要か」という自由英作文が出題されています。

4 自動運転技術／Self-Driving Tech

先進諸国では自動運転技術の開発が急ピッチで進められている。交通事故の削減、運転手不足の解消などが期待されている一方で、安全性の問題に加え、事故が起きた際の法的責任の所在など、実用化への課題は残ったままだ。

リスニング対策は音声→問題へ >> アメリカ英語｜ゆっくり アメリカ英語｜ナチュラル

「自動運転技術」に関するボキャブラリー 57 ▶実力を試したい方は先に問題を

testing ground [téstiŋ]	試験場、実験の場
crosswalk [krɔ́:swɔ̀:k]	横断歩道
traffic signal [trǽfik]	交通信号、信号機
UP **autonomous** [ɔ:tá:nəməs]	自律的な、自律の、自動の
HOT **vehicle** [ví:əkəl]	乗り物、車、車両
very first [fə́:rst]	本当に最初の、まさに初めての
feel like [fí:l]	～だろうと思う
roll [róul]	運行する、稼働する

decade [dékèid] — 10年間

autonomously [ɔːtάːnəməsli] — 自律的に、自動的に *(UP)*

dozen [dʌ́zən] — 10あまりの

firm [fə́ːrm] — 会社、企業

driverless [dráivərləs] — 運転手のいない、無人の、自動運転の *(NEW)*

transport [trænspɔ́ːrt] — 運送、運輸、輸送

chronic [krάːnik] — 慢性的な *(HOT)*

heavy traffic [hévi] — 交通渋滞、交通混雑

nerve center [nə́ːrv] — 中枢部、中枢、首脳部

innovation [ìnəvéiʃən] — 革新、刷新、新しい活用法

be home to [hóum] — 〜の本拠地である、〜が存在する *(NEW)*

get used to doing [júːst] — 〜することに慣れる、なじむ

drive...around
[dráiv]

…を車であちこち連れていく

not be...just yet
[jét]

今はまだ…でない

mixed
[míkst]

混じった、混合の

-able
[əbəl]

…できる、…が可能な

A as well as B
[wél]

BだけでなくAも、AもBも

solve
[sá:lv]

〜を解決する、解く

street sweeper
[stríːt swíːpər]

街路清掃車、街路清掃人

undesirable
[ʌndizáiərəbəl]

望ましくない、嫌な

fully
[fúli]

完全に、まったく

be equipped with
[ikwípt]

〜を備えている、装備している

independence
[ìndipéndəns]

自立、主体性

extremely
[ikstríːmli]

極めて、超〜

sophistication [səfistəkéiʃən]	高度化、複雑化、洗練
infrastructure [ínfrəstrʌ̀ktʃər]	インフラ、社会の基幹施設
have one's limits [límits]	限界がある
emergency brake [imə́:rdʒənsi]	非常ブレーキ、緊急ブレーキ
human error [érər]	人的エラー、人為的ミス
curb [kə́:rb]	歩道の縁石、縁
developer [divéləpər]	開発者
your average [ǽvəridʒ]	典型的な、並の
share A with B [ʃéər]	AをBと共同使用する
steering wheel [stíəriŋ]	(車の) ハンドル
motorway [móutərwèi]	高速道路
safety inspection [inspékʃən]	安全点検

「自動運転技術」に関する CNN リポートに挑戦！

▌ Read this news report and answer the questions below.

The CETRAN testing ground in Singapore is almost like a mini town, with streets, crosswalks, traffic signals and even this.

"This is the bus stop?" (CNN)

"This is the bus stop." (Dr. Dilip Limbu, CEO, MooVita)

"Why do you call it the bus stop?" (CNN)

"Because we are waiting for the bus—our autonomous vehicle." (Dr. Dilip Limbu)

I'm here for my very first ride in a self-driving shuttle bus.

"So, you feel like, within five years, this'll be a regular part of our lives?" (CNN)

"Yes, in three to five years, this kind of service is actually rolling around the world."(Dr. Dilip Limbu)

"How long before I get in my car, I tell my car, 'Take me to work,' and it just goes?"(CNN)

"For that to come, probably another decade." (Dr. Dilip Limbu)

Dr. Dilip Limbu's company, Moo-Vita—or Move It Autonomously—is one of around a dozen firms testing vehicles here. Singapore's government wants to use the findings for driverless transport. The goal is to reduce air pollution and chronic heavy traffic.

The nerve center of all this innovation is Singapore's Nanyang Technological University, home to the Energy Research Institute, led by Professor Subod Mhaisalkar.

"How long did it take for you to get used to being driven around without a driver?" (CNN)

"No, I'm...I don't think I'm still ready for it." (Professor Subodh Mhaisalkar, Energy Research Institute at Nanyang Technological University)

"Well, that's an honest answer." (CNN)

"Yeah, it is." (Subodh Mhaisalkar)

He says this technology might not be ready just yet but it's coming much sooner than you think.

"So, in just over a decade, what will our streets look like?" (CNN)

"We will have a mixed level of traffic between cars that are autonomous-able a...as well as drivers." (Subodh Mhaisalkar)

He says self-driving buses will solve Singapore's bus-driver shortage, robotic street sweepers will work the undesirable graveyard shift,[*1] and fully autonomous cars, like this BMW[*2] equipped with cameras and sensors, will give new independence for those who can't drive.

"Cities which have extremely high sophistication of infrastructure will be the first places that autonomous vehicles will be deployed." (Subodh Mhaisalkar)

"Like Singapore?" (CNN)

"Like Singapore." (Subodh Mhaisalkar)

Self-driving technology still has its limits. A safety driver is necessary on our ride...

"What was that? Oh, the emergency brake." (CNN, in autonomous vehicle that has stopped suddenly)

...though this fender bender[*3] is a human error.

"We hit the curb there. This is like me when I was learning how to drive." (CNN, in autonomous vehicle)

Developers say that software learns much faster than your average teenage driver, which means in just a few years, you could be sharing the road with a robot.

>>> 450 words

(注) *1 graveyard shift：深夜勤務時間、夜勤時間帯
*2 BMW：▶ドイツを拠点とする自動車製造企業。ここでは同社製の自動車のことを指す。
*3 fender bender：《話》（自動車の）軽い追突事故

問1 **What is being tested at this testing ground?**

(A) A new design for a city center

(B) An expanded system of bus routes

(C) Autonomous vehicles

(D) A new monorail

*expanded: 拡張した

問2 **According to this news report, why does Singapore want to develop driverless transportation?**

(A) To sell its technology to other cities around the world

(B) To improve air quality and reduce traffic

(C) To reduce crowding on airport shuttle buses

(D) Because there are not enough taxi drivers in the city

問3 **According to this news report, what makes Singapore well suited to driverless technology?**

(A) It has highly sophisticated infrastructure.

(B) It is relatively small.

(C) It already has many autonomous cars.

(D) It has few vehicles.

*(be) well suited to: ～によく適している、うってつけである／ sophisticated: 発達した、洗練された

問4 **According to the Energy Research Institute professor, what will traffic be like in just over 10 years?**

(A) There will be almost no cars driven by people.

(B) There will be very few cars on the road.

(C) Buses will have become obsolete.

(D) Autonomous cars and cars with drivers will share the roads.

*become obsolete: すたれる、時代遅れになる

問5 **Translate the underlined part into Japanese.**

■ 和訳

シンガポールのシートラン試験場は、まるで小さな町のような所です。道路、横断歩道、信号機があり、そしてこんなものまであります。

「ここはバス停ですか」(CNN)

「ここはバス停です」(ディリップ・リムブー博士ムーヴィタ社CEO)

「なぜここをバス停と呼ぶのですか」(CNN)

「バスを待っているからです。私たちの自動運転車をね」(ディリップ・リムブー博士)

私がここに来ているのは、自動運転のシャトルバスにまさに初めて乗るためです。

「それで、あなたはこんなふうに感じていらっしゃるのですね、5年以内には、これが私たちの日常生活の一部となっていると」(CNN)

「ええ、3年から5年以内に、こういったタイプのサービスは実際に世界中で展開されているでしょう」(ディリップ・リムブー博士)

「私が自分の車に乗りこんで、車に『職場に連れて行って』と話しかけると、車がそのまま発進するようになるまで、あとどのくらいかかりますか」(CNN)

「それが実現するには、おそらくもう10年はかかりますね」(ディリップ・リムブー博士)

ディリップ・リムブー博士の企業、ムーヴィタ社(Move It Autonomously に由来)は、ここで(自動運転の)車をテストしている十数社のうちの一社です。シンガポール政府は、その研究結果を自動運転輸送のために活用したいと考えています。目的は、大気汚染と慢性的な交通渋滞を軽減させることです。

この技術革新の中核となるのは シンガポールの南洋理工大学で、スーボウド・マイサルカー教授が率いるエネルギー研究所があるところです。

「運転者のいない車であちこち連れていかれることに慣れるのにどのくらいかかりましたか」(CNN)

「いや、私は……まだそれを受け入れられているとは思いません」(スーボウド・マイサルカー教授南洋理工大学エネルギー研究所)

「なるほど、それは正直な答えですね」(CNN)

「ええ、そうですね」(スーボウド・マイサルカー)

彼によれば、この技術はまだすぐには使えないかもしれないものの、考えられているよりもずっと早く実用化しつつあるとのことです。

「わずか10年余りで、道路はどんなふうになっているでしょうか」(CNN)

「自動運転が可能な車と運転者のいる車が混在した状態の交通となるでしょう」(スーボウド・マイサルカー)

彼が言うには、自動運転バスはシンガポールのバス運転手不足を解消し、ロボット街路清掃車は人が嫌がる深夜勤務をこなしてくれ、そして完全に自動化された車、例えばカメラやセンサーが搭載されているこのBMWのような車は、運転ができない人たちに新たな主体性をもたらすことになるといいます。

「極めて高度に発達したインフラを備えた都市が、自動運転の車が実用化される第一の場所となるでしょう」(スーボウド・マイサルカー)

「シンガポールのような?」(CNN)

「シンガポールのようなところです」(スーボウド・マイサルカー)

自動運転技術にはまだ限界があります。私たちの試乗には「セーフティー・ドライバー」が必要なのです……

「どうしたんでしょう? おや、急ブレーキがかかりましたね」(CNN 突然止まった自動運転車の車内で)

……この接触事故は人的エラーなのですが。

「そこの縁石にぶつかったんですね。これはまるで運転を習っていたときの私のようです」(CNN 自動運転車の車内で)

開発者たちによれば、このソフトウエアは、平均的なティーンエージャーの運転者よりもずっと速く学習するそうで、ということはつまり、わずか数年で、皆さんはロボットと道路を並走することになるかもしれないということです。

▌解答と解説

問1 　設問訳　この試験場でテストされているのは何ですか？
　　　選択肢　×　(A) 都市中心部の新設計
　　　　　　　×　(B) 拡張されたバスの路線系統
　　　　　　　○　(C) 自動運転車
　　　　　　　×　(D) 最新のモノレール

第5段落の …we are waiting for the bus—our autonomous vehicle、さらに次の文で I'm here for my very first ride in a self-driving shuttle bus. とあることから、Autonomous vehicles のテストをしているとわかります（autonomous「自律的な、自動の」）。

問2 　設問訳　この報道によると、シンガポールはなぜ自動運転の交通手段を整備したいと思っていますか？
　　　選択肢　×　(A) その技術を世界中の他の都市に売るため
　　　　　　　○　(B) 大気質を改善して交通量を抑えるため
　　　　　　　×　(C) 空港シャトルバスの混雑を緩和するため
　　　　　　　×　(D) 市内に十分なタクシー運転手がいないから

第11段落最終文に The goal is to reduce air pollution and chronic heavy traffic.「目的は、大気汚染と慢性的な交通渋滞を軽減させることです」とあります。本文の reduce air pollution が、選択肢では improve air quality に言い換えられています。

問3 　設問訳　この報道によると、シンガポールが自動運転の技術によく適しているのはどうしてですか？
　　　選択肢　○　(A) シンガポールには高度に発達したインフラが備わっているから。
　　　　　　　×　(B) 比較的小さな国だから。
　　　　　　　×　(C) すでに多くの自動運転車が存在するから。
　　　　　　　×　(D) ほとんど自動車がないから。

第21段落に Cities which have extremely high sophistication of infrastructure will be the first places that autonomous vehicles will be deployed. とあります（which…infrastructure までが Cities を、that…deployed までが the first places を修飾しています）。さらに、その後で Like Singapore. と答えていることから、「シンガポールには高度に発達したインフラが備わっており、自動運転の実用化に適している」とわかります。

▌解答と解説

問4 　設問訳 　エネルギー研究所の教授によると、わずか10年余りで交通はどのようになりますか？

　　選択肢 　× 　**(A)** 人が運転する車はほとんど見当たらなくなる。

　　　　　　× 　**(B)** 道路にはほとんど車がない状態になる。

　　　　　　× 　**(C)** バスがもう使われなくなっている。

　　　　　　○ 　**(D)** 自動運転車と運転手のいる車が一緒に道路を使っている。

第18段落の「わずか10年余りで、道路はどんなふうになっているでしょうか」という問いに対し、その直後に We will have a mixed level of traffic between cars that are autonomous-able a...as well as drivers.「自動運転が可能な車と運転者のいる車が混在した状態の交通となるでしょう」と答えています。また、最後から3行目にも Developers say that software learns much faster than your average teenage driver, which means <u>in just a few years, you could be sharing the road with a robot</u>. とあります。このwhichは非制限用法の関係代名詞で、先行詞は前文の内容（ソフトウエアが平均的なティーンエージャーの運転者よりずっと速く学習すること）です。

問5 　解答 　わずか10年余りで、道路はどんなふうになっているでしょうか。

in just over a decade で、in は「経過（～後）」を表します。just「ただ、たった」、over「～を越えて」と合わせて、直訳「たった (just) 10年を超えた (over a decade) 後 (in)」→「わずか10年後には」ということです。

　主節はWhat will S look like?「 S はどんな感じになっているでしょう？」という表現です。本来は S will look like 名詞 「 S は 名詞 のように見えるだろう」という形で、 名詞 がwhatに変わり、疑問文になっています。以下の頻出形をチェックしておきましょう。

---

① What is S like?	「 S ってどんな感じ？」
② What is it like to 原形 ?	「～するってどんな感じ？」
③ What does S look like?	「 S の見た目ってどんな感じ？」
④ Like what?	「たとえばどんなもの？」

ここがカクシン！

▶ 世界中で進む自動運転の開発

世界では今、自動運転技術の開発が猛スピードで進められています。自動運転システムの世界市場は2030年で2兆2100億円規模に達すると見込まれています。その中でもシンガポールは、自動運転に関わる法整備や政策などの面で世界トップの評価を受けており、運転手のいない無人自動車の市内運用に向けて、走行実験を活発に行っています。

　自動運転の開発のために実験都市を作る計画は日本でも動いており、トヨタ自動車は静岡県に「ウーブン・シティ（Woven City）」と呼ばれる実験都市を開発するプロジェクトを発表しました（2021年に着工）。

▶ 自動運転の安全性

安全性に対する懸念が一番の問題でしょう。アメリカでは2016年から2018年で数件、自動運転による死亡事故が発生しています。ここでは「事故の責任は誰なのか」という問題が議論になります。入試問題でも、「自動運転の実用化に伴う数々の問題」が、長文・自由英作文のテーマになっています。

▶ 安全性以外の話も重要

日本では「運転が楽になる、機械はミスが少ないので事故が減る」という話題で止まることが多い気がしますが、世界では「自動運転により、ライフスタイルや社会構造が変わる」といったことも話題になります。自動で呼び出した車に乗って、乗り捨ても可能となり、車の所有者が減る、あるいは、運転という行為はサーキット場での娯楽になるなどの話題がよくニュースで取り上げられています。

　さらに「自動運転」と聞くと、どうしても自動車ばかりが浮かびますが、その技術はdelivery robots「配達ロボット」にも活用され、「高齢者に食事を運ぶ」「工場で部品を運ぶ」ことや、コロナ禍で話題になった「配達員が人と触れない」ことも実現できるというのは、基礎編②で触れた通りです。

🔵 細かい補足

第7段落では、you feel like, within five years, this'll be... という、like の後ろにSVがくる形になっています（間にwithin five yearsが挿入されている）。前置詞likeの後ろには名詞がきますが、ここでのlikeは接続詞として使われているのです。このlike S Vという形は頻繁に使われ、入試の英文でもよく見かけます。

第9段落How long before... は、How long [will it be] before... と語句を補って考えましょう。また次の行probably another decadeも、probably [it will be] another decade [before that becomes possible] ということです。

第19段落のa mixed level of traffic between... は、a mix of traffic, with cars that are autonomous-able as well as cars with drivers くらいに考えてください。

🔔 入試に出た！

2020年の慶應大では、自動運転に関する英文が2つも出ています。どちらも「ドライバーがいない状態での安全面（車がどう判断を下すのか、など）」に関するものでした。他にも、明治学院大（2019年）で「自動運転に伴う問題」についての長文が、滋

テストコースを走行中のムーヴィタ社の自動運転バス

賀県立大（2019年）では「自動運転の車に乗りたいか」という自由英作文が出ました。もはや「自動運転」は入試の超頻出テーマになっているのです。

若年層にとってのスマートフォンは、依存症やいじめ、金銭トラブルにつながる可能性をはらんでいる一方で、情報収集や緊急時の連絡手段などとして欠かせない存在となっている。そんな中、フランスが国を挙げてある取り組みを始めた。

リスニング対策は音声→問題へ 〉〉 アメリカ英語｜ゆっくり **58** オーストラリア英語｜ナチュラル **59**

「スマートフォン」に関するボキャブラリー **60** ▶実力を試したい方は先に問題を

NEW	**smart device** [smáːrt divàis]	スマートデバイス ▶インターネットに接続でき、さまざまな用途に使用できる携帯型の多機能端末。
	be intended to do [inténdəd]	～することを意図している、目的とする
	focus [fóukəs]	集中、集中力
UP	**online bullying** [búliiŋ]	ネットいじめ
	school year [skúːl]	学年（度）
HOT	**find oneself doing** [fáind]	いつの間にか～している （ことに気付く）
	withdrawal [wiθdrɔ́ːəl]	（依存症からの）離脱症状
NEW	**detox** [díːtaːks]	依存症の治療 ▶digital detoxは、スマートフォンやパソコンから離れ、過度な依存から脱する試み。

primary [práimèri]	主な、最も重要な	
fundamental [fʌ̀ndəméntəl]	基本的な、根本的な	
nationwide [néiʃənwàid]	全国的な	
no longer [lɔ́ːŋgər]	もはや〜でない	
be meant to do [mént]	〜するよう意図されている	
combat [kəmbǽt]	(犯罪などを) 阻止する、 〜に立ち向かう	
distraction [distrǽkʃən]	気が散ること、注意散漫	
constructive [kənstrʌ́ktiv]	建設的な	
mandate [mǽndèit]	命令、指令	
interviewee [intərvjuːíː]	インタビューされる人	
campaign promise [kæmpéin]	選挙公約	
lead the way [líːd]	先導する、先駆けとなる	

UP	**introduce** [ìntrədúːs]	〜を導入する
NEW	**right to disconnect** [dìskənékt]	つながらない権利 ▶労働者が勤務時間外に仕事上の 　メールなどへの対応を拒否できる権利。
UP	**business** [bíznəs]	会社、企業
	require...to do [rikwáiər]	…に〜するよう命じる、要求する
	employee [implɔ́ii]	従業員、社員
	work hours [wə́ːrk]	労働時間、勤務時間
	elementary school [èləméntəri]	小学校
	to some degree [digríː]	ある程度、いくぶん
	develop a relationship with [riléiʃənʃip]	〜と関係を築く
HOT	**significant** [signífikənt]	かなり大きい、著しい
	jump [dʒʌ́mp]	伸び
	length of time [léŋkθ]	時間の長さ

over time [òuvər táim]	時とともに
addictive [ədíktiv]	中毒性の、依存性の
be up for debate [dibéit]	議論の対象となっている
prohibit [prouhíbət]	～を禁止する
altogether [ɔ́:ltəgéðər]	全面的に、完全に
excessive [iksésiv]	度を超えた、行き過ぎた
pretty [príti]	かなり、相当
cheat [tʃíːt]	カンニングをする、（自分の利益のために）不正をはたらく
high performer [pərfɔ́:rmər]	成績優秀者
be about to do [əbáut]	まさに～しようとしている
find out if [fáind]	～かどうかを見極める
ring true [ríŋ]	〈話などが〉本当だと思える、真実味がある

「スマートフォン」に関する CNN リポートに挑戦！

▌ Read this news report and answer the questions below.

Well, French children will now have to leave their smartphones at home or turned off when they're at school. The new ban on phones and other smart devices is intended to improve focus and prevent online bullying. Our Lynda Kinkade has our report.

* * *

As a new school year starts in France this week, some students may find themselves having withdrawal, or as the education minister calls it, a digital detox.

"Our primary role is to protect children and teenagers. It's a fundamental role for education, and so this law permits that." (Jean-Michel Blanquer, French Education Minister, through interpreter)

Passed in late July, a nationwide ban on cellphones is now in effect at primary and middle schools across the country. Mobile devices can no longer be used at any point during the school day. It's meant to combat bullying and end classroom distraction—a constructive mandate, some say, that may be difficult to enforce.

"I think it's a good thing, it's a good law, but it will be very difficult, very hard, because it's a new way of life, using mobiles all the time." (Interviewee 1)

It's a campaign promise of President Emmanuel Macron, who visited students on their first day of school, [and] the latest move in a country that has led the way in digital health.[*1] Last year, France introduced a right-to-disconnect law, banning businesses from requiring employees to respond to e-mails after work hours.

"This is an opportunity for us to send a message to elementary schools, middle schools and, to some degree, French society on how to develop a relationship with digital media." (Jean-Michel Blanquer, through interpreter)

More than 90 percent of French children over 12 have mobile phones—that's according to a 2016 report by French telecoms regulator[2] ARCEP[3]—a significant jump compared to a decade ago. And the length of time spent on mobile phones has only increased over time in the US and Europe. A 2015 report found teens in the US spent an average of nine hours a day.

But whether the technology is in fact addictive has been up for debate, and some argue that prohibiting technology altogether during the school day is excessive.

"I think it's pretty stupid, because, I mean, it's not going to be very useful. I think kids are still going to use their phones anyway, even if it's banned." (Interviewee 2)

"They're not going to listen. And maybe they're going to hide it in their pockets and...and play in the toilets and cheat." (Interviewee 3)

One study by the London School of Economics[4] showed that students at English schools where cellphone use is banned are higher performers. France is about to find out if that rings true for its students.

Lynda Kinkade, CNN.

>>> 457 words

(注) *1 digital health：▶ここでは「デジタル機器が広く利用されている環境における健康管理」といった意味。

　　*2 telecoms regulator：電子通信規制機関

　　*3 ARCEP：▶フランス電子通信郵便規制庁の略称。

　　*4 the London School of Economics：ロンドン・スクール・オブ・エコノミクス　▶ロンドン大学のカレッジの1つ。

問1 **What is the new rule in French schools?**

(A) Children may no longer own smartphones.

(B) Children may study from home using smartphones.

(C) Children may not use smartphones at school.

(D) Children must learn to use smartphones effectively.

問2 **What is the purpose of the new rule?**

(A) To improve students' concentration on their studies

(B) To prevent bullying

(C) To help education authorities fulfill their role

(D) All of the above

問3 **What percentage of French children over 12 have mobile phones?**

(A) Just 9 percent

(B) Around 12 percent

(C) About 20 percent

(D) Over 90 percent

問4 **According to one report, how many hours per day do US teenagers spend using mobile phones?**

(A) Two

(B) Nine

(C) 12

(D) 15

問5 **Translate the underlined part into Japanese.**
(ただし、a right-to-disconnect law は「『つながらない権利』を認める法律」とします)

和訳

さて、フランスの子どもたちは、これからは学校にいる間スマートフォンを家に置いて、あるいは電源を切っておかなければならなくなります。携帯電話やその他のスマートデバイスに関する新たな禁止は、集中力の向上とネットいじめの防止を目的としたものです。CNNのリンダ・キンケイド記者がお伝えします。

*　*　*

フランスでは今週、新しい学年が始まりましたが、一部の生徒は離脱症状に、あるいは教育大臣の言葉を借りれば、デジタルデトックスの状態になるかもしれません。

「私たちの主たる役割は子どもと若者を守ること。それが教育の根本的な役割であり、この法律がそれを可能にします」（ジャン＝ミシェル・ブランケール　フランス国民教育大臣　通訳者を介して）

7月末に可決された全国的な携帯電話の禁止法が、いよいよフランス全土の小中学校で施行されました。今後は、学校にいる時間は、どの時点であろうと携帯機器を使うことはできません。これは、いじめ対策と授業中の注意散漫の防止措置です――中には、建設的なお達しだが順守させるのは難しいだろう、という意見もあります。

「いいことだと思います、いい法律です。ただし（守らせるのは）非常に難しいし、大変でしょう、だって携帯を四六時中使うというのが新しい生活スタイルですから」（インタビュー回答者1）

この措置はエマニュエル・マクロン大統領の選挙公約で、彼は新年度の始業日に生徒たちを訪ねました。そしてこれは、デジタル時代の健康管理において先駆けをなすフランスの最新の取り組みです。昨年、フランスは「つながらない権利」を認める法律を導入し、企業が従業員に対して、勤務時間外に電子メールに対応するよう命じることを禁止しました。

「これは、私たちがデジタルメディアとの関係をどのように築くかについてのメッセージを伝える良い機会です。小学校と中学校に対してですが、多少はフランス社会に対しても」（ジャン＝ミシェル・ブ

ランケール　通訳者を介して）

フランスでは、12歳以上の子どもの90％強が携帯電話を持っています――これはフランスの電子通信規制機関ARCEPの2016年の報告書によるもので、10年前と比べると大幅に伸びています。そして、米国や欧州では携帯電話に費やす時間の長さは時代とともに増える一方です。2015年の報告書では、アメリカの10代の若者は1日平均9時間、携帯を使っていました。

ただし、携帯電話というテクノロジーに実際に依存性があるかどうかは議論されているところであり、一部の人々の主張によれば、学校で完全に携帯を禁止にするのは行き過ぎだということです。

「かなりばかげた法律だと思う、だって、まあ、大して効果がないだろうから。子どもたちはどうせ携帯を使うと思う、たとえ禁止されていてもね」（インタビュー回答者2）

「みんな、言うことを聞かないでしょう。きっとポケットに隠してトイレでゲームをしたり、カンニングしたりするわよ」（インタビュー　回答者3）

ロンドン・スクール・オブ・エコノミクスのある調査によれば、携帯電話の使用を禁止されているイギリスの学校の生徒は、成績が優良だとのこと。それがフランスの生徒にとっても当てはまるかどうか、フランスでももうすぐ明らかになります。

CNNのリンダ・キンケイドがお伝えしました。

▌解答と解説

問1 **設問訳** フランスの学校の新しい規則は何ですか？

選択肢 ✕ **(A)** 子どもたちは今後スマートフォンを所有してはならない。

✕ **(B)** 子どもたちはスマートフォンを使って自宅で学習してもよい。

○ **(C)** 子どもたちは学校でスマートフォンを使ってはならない。

✕ **(D)** 子どもたちはスマートフォンの効果的な使い方を学ばなければならない。

冒頭に French children will now have to leave their smartphones at home or turned off when they're at school. とあります（leave their smartphones turned off は leave O C「O を C のままにする」の形）。また、第4段落2文目 Mobile devices can no longer be used at any point during the school day. もヒントになります。

問2 **設問訳** この新しい規則の目的は何ですか？

選択肢 ✕ **(A)** 生徒たちの勉強への集中力を向上させること

✕ **(B)** いじめを防ぐこと

✕ **(C)** 教育機関が役割を果たす助けとなること

○ **(D)** 上記のすべて

第1段落2文目 The new ban on phones and other smart devices is intended to improve focus and prevent online bullying. が A と B に合致します（be intended to 原形「〜することを目的としている」）。さらに、第3段落に Our primary role is to protect children and teenagers. It's a fundamental role for education, and so this law permits that. とあり、これが C と合致します。

問3 **設問訳** 12歳以上のフランスの子どもの何％が携帯電話を所有していますか？

選択肢 ✕ **(A)** わずか9％

✕ **(B)** 12％前後

✕ **(C)** おおよそ20％

○ **(D)** 90％以上

第8段落1文目 More than 90 percent of French children over 12 have mobile phones が見つかれば即答できます。over 12「12歳以上の」にひっかからないようにしましょう。

問4 **設問訳** ある調査によれば、アメリカの10代の若者は1日あたり何時間スマートフォンを使っていますか？

選択肢 ✕ **(A)** 2

○ **(B)** 9

✕ **(C)** 12

✕ **(D)** 15

第8段落最終文に A 2015 report found teens in the US spent an average of nine hours a day. とあります（an average of「平均〜」）。teenager は今回のように teen と省略して使われることも多いです。

▌解答と解説

問5 **解答** 昨年、フランスは「つながらない権利」を認める法律を導入し、そして、企業が従業
員に対して、勤務時間外に電子メールに対応するよう命じることを禁止しました。

今回の文脈ではintroduceを「紹介する」ではなく、「導入する」と訳すことが大事です。

　banning... は分詞構文です。主節の後ろにきた分詞構文は「そして〜」か「〜しながら」と訳すこ
とを知っておくと便利です。今回も「フランスが導入し、そして〜」とすればOKです。

　このban は動詞で、ban 人 from doing「人が〜するのを禁止する」の形をとります（prevent
人 from doing と同じ形で詳しくは後述）。今回は人の部分にbusinesses「会社、企業」がきてい
ます（この意味も重要）。

　ちなみに名詞のban も大切で、今回は第1段落2文目 The new ban on phones and other smart de-
vices や、第4段落1文目 a nationwide ban on cellphones で使われています。ban on「〜に対する禁止」
の形が大事で、入試ではon が空所で抜かれそうです。

　下線部に戻って、from以下には、require 人 to 原形「人が〜するよう要求する、命じる」の形
がきています。ちなみに、この分詞構文の内容は、a right-to-disconnect law の説明になっています。

ここがカクシン！

❯ フランスの影響で再注目

「子どもへのスマホ・ネット制限」は数年前から頻出のテーマなのですが、今回の記事にあるように、フランスが国を挙げて取り組んだことで、ますます入試で注目されていくと思います。

　日本でも議論は盛んで、これまでは小中学校ではスマホの持ち込みが禁止とされていましたが、中学校では条件付きで持ち込みを認める動きが進んでいます。

　これには、登下校時間中に地震が発生したときなど、緊急時の連絡手段になることが考慮され始めたのが大きいようです。

　言うまでもなく問題点も多く、校内での盗難、授業の妨げ、歩きスマホの増加（これもよく出るテーマです）などがあります。

　スマホ・ネットの利用やその制限というテーマは、受験生自身や学校のあり方、さらには社会全体とも関わる問題であるため、入試で取り上げられる勢いには目を見張るものがあります。

❯ 英作文でも使えるように

今回のテーマは自由英作文で出題される頻度が非常に高いので、自分で使いたいと思う語句やフレーズは書けるようにしておきましょう。online bullying、combat bullying（このcombatは動詞「〜と闘う、〜を防ぐ」）、digital detoxなどは単語帳に載っていないことがほとんどだと思います。読む分には意味を類推できるでしょうが、英作文で使えるようにしておくと大変有利になるはずです。

❯ 動詞 ban は、prevent とセットで覚える

banやpreventと同じ形をとる動詞をまとめてチェックしておきましょう。

prevent 型の動詞
基本形：prevent 人 from doing「 人 が〜するのを妨げる」

① prevent 人 from –ing ／ keep 人 from –ing ／ stop 人 from –ing ／ hinder 人 from –ing ／ inhibit 人 from –ing
「 人 が〜するのを妨げる」

② prohibit 人 from –ing ／ ban 人 from –ing ／ bar 人 from -ing
「 人 が〜するのを禁じる」

③ discourage 人 from –ing ／ dissuade 人 from –ing ／ restrain 人 from-ing ／ deter 人 from -ing「 人 が〜するのを妨げる」

④ save 人 from –ing ／ rescue 人 from -ing「 人 が〜することから救い出す」／ preserve 人 from –ing「 人 が〜することから守る」

⑤ excuse 人 from –ing「 人 が〜するのを免除する」

💡 入試に出た！

獨協大（2020年）は「高校でのスマホやタブレットなどの禁止について」の自由英作文を、高知大（2020年）と名古屋工業大（2020年）は「授業中のスマホ使用」に関しての自由英作文を出しています。

韓国では脱スマホ依存のための高校生向けワークショップが開催されている

　今回の記事にあった、digital detox については明治学院大（2020年）が自由英作文を出題し、「つながらない権利」については早稲田大（2019年）が長文で出しています。

　学校という場に限らない内容では、早稲田大（2020年）が「若者にとってスマホは害か」というテーマの自由英作文を出しています。また、日本医科大（2020年）では「高校での勉強で変えるべきこと」を論じる自由英作文が出ていますが、今回の内容から引用できることがたくさんあると思います。

MEMO

覚えたい単語や表現、文法事項
英作文などをメモして試験直前にチェック！

ここに君の決意を書きもう！　関珠

関正生 (せき まさお)

1975 年東京生まれ。

埼玉県立浦和高校、慶應義塾大学文学部 (英米文学専攻) 卒業。

TOEIC テスト 990 点満点取得。 リクルート運営のオンライン予備校『スタディサプリ』講師。 全国の小中高生・大学受験生 140 万人以上に講義を、また、大学生・社会人に TOEIC 対策の講義を行っている。 著書は参考書・語学書・新書など多岐に渡り、120 冊以上、累計 380 万部 (韓国・台湾の翻訳出版もあり)。

NHK ラジオ講座『小学生の基礎英語』、『CNN ENGLISH EXPRESS』「あなたの英語にカクシンを！ 関正生の『丸暗記いらず』英文法ゼミ」などでの連載。 著書に『CNN の生英語がわかる「丸暗記いらず」カクシン英文法』など。

FINAL時事英語 ［新訂版］

2020 年 11 月 11 日　初版第 1 刷発行
2023 年 9 月 15 日　初版第 5 刷発行

著者	関正生
発行者	原雅久
発行所	株式会社 朝日出版社
	〒101-0065 東京都千代田区西神田 3-3-5
	TEL: 03-3263-3321　FAX: 03-5226-9599
	https://www.asahipress.com/ (HP)
印刷・製本	図書印刷株式会社
音声録音・編集	ELEC (一般財団法人 英語教育協議会)
装丁	岡本健 ＋ 仙次織絵 [岡本健＋]
DTP	有限会社 プールグラフィックス
表紙画像	Dmitriy Rybin@Shutterstock.com

グローバル英語力を測るCNN GLENTS

CNNの生きた英語を使った
新しいオンライン英語力測定テストです

詳しくはCNN GLENTSホームページを
ご覧ください。

🔍 CNN GLENTS　　検索

CNN GLENTSとは

GLENTSとは、**GLobal ENglish Testing System**という
名の通り、世界標準の英語力を測るシステムです。リアルな
英語を聞き取るリスニングセクション、海外の話題を読み取
るリーディングセクション、異文化を理解するのに必要な知
識を問う国際教養セクションから構成される、世界に通じる
「ホンモノ」の英語力を測定するためのテストです。

CNN GLENTSの特長

真のリスニング能力を測ろうとするなら、日常生活で使われて
いる生きた英語が聞き取れるかどうかを問うべきである——
CNN GLENTSの開発は、まさにこの確信からスタートしまし
た。様々なトピックのニュースを扱うCNNの英語は世界で使わ
れている生きた英語であり、世界各国の英語の多様なアクセ
ントを含みます。実用的なリスニング能力を測定するのに、
これほど適した素材はありません。それに加え、映像を見て聞
いて設問に答える「ビューイング（動画）問題」を導入。これ
もCNN GLENTSの大きな特長の1つです。

　リーディングセクションの素材もCNNのニュースです。グ
ローバルなニュースを理解する「時事英語力」は、英語で討論
し協議する際にも必須であり、ニュースをテスト素材に使うこ
とで、総合的英語能力が測れます。

　さらに、世界で活躍する人材に求められる異文化理解力を
問う「国際教養セクション」を設けました。CNN GLENTS独

自のセクションです。

　「CNN音声版」に加え、初級者の方が受けやすい「ナレータ
ー音声版」も用意されています。CNNの音声部分を、ネイテ
ィブのナレーターが読み直したものです。

お問い合わせ先　**株式会社 朝日出版社　「CNN GLENTS」事務局**
E-MAIL: glents_support@asahipress.com